現代の保育と
社会的養護 I

井村圭壯・今井慶宗 編著

keiso shobo

は し が き

　社会的養護の現場は，昭和・平成・令和と時代の変遷とともに大いに変化している．社会的養護の施設や里親においてもこれまでの取り組みを大切にしつつ新しい実践が試みられている．それらはすべて，社会的養護を必要としている子どもたちへの支援として行われているのである．

　児童虐待をはじめとする社会的養護に関する諸問題が大きく取り上げられ，その解消・軽減方策が強く求められている．2019（平成31）年，政府により「児童虐待防止対策の強化を図るための児童福祉法等の一部を改正する法律」（案）が提出され，同年（ただし令和に改元後）可決成立した．この改正は，一部を除いて，2020（令和2）年4月から施行される．これは①児童の権利擁護，②児童相談所の体制強化および関係機関間の連携強化等，③検討規定その他所要の規定の整備からなる．児童虐待防止対策の強化を図るため，児童の権利擁護，児童相談所の体制強化および関係機関間の連携強化等の所要の措置を講ずることを意図している．このように，制度的対応も進められている．今後も制度改正は続いていくであろう．社会的養護に携わる一人ひとりが，これら仕組みをよく理解し，適切に活用することが求められている．社会福祉の領域において，制度面を詳しく学ぶこととそれを現場で実践していくための技術を向上させていくことは車の両輪である．社会的養護の現場においてもそれは変わらない．

　本書は保育士養成課程の科目「社会的養護I」に対応するテキストとして企画されたものである．改正後の厚生労働省雇用均等・児童家庭局長通知「指定保育士養成施設の指定及び運営の基準について」の「指定保育士養成施設指定基準」では「社会的養護I」の目標として，「現代社会における社会的養護の意義と歴史的変遷について理解する」，「子どもの人権擁護を踏ま

えた社会的養護の基本について理解する」,「社会的養護の制度や実施体系等について理解する」,「社会的養護の対象や形態,関係する専門職等について理解する」,「社会的養護の現状と課題について理解する」の5つを掲げている.また,内容として,①現代社会における社会的養護の意義と歴史的変遷,②社会的養護の基本,③社会的養護の制度と実施体系,④社会的養護の対象・形態・専門職,⑤社会的養護の現状と課題を挙げている.本書はこれらを網羅し,保育士として必要な社会的養護の知識技能の習得に配慮している.

　標準的なテキストとして必要とされる水準を維持しつつ,大学等の保育士養成課程等において初学者が取り組みやすい記述・構成になるよう努めている.各章とも社会的養護を学ぶ際に必要となる基礎知識について法令改正をふまえて正確な記述に努めた.社会的養護の分野においても法令等の改正が続き,制度が複雑なものになっている.まず全体像をつかんだうえで,個別の制度の相互の関係性あるいは関連制度についても理解を深めていくことが大切である.制度の理解に資するため,平易な文章での記述や丁寧な解説に努め図表も本文の理解に資するものを精選している.これらのことから「社会的養護Ⅰ」の基本書として,学習を進めていくのに適した内容となっている.保育士養成課程で学ぶ学生などの初学者はもとより,社会的養護に関心のある幅広い方々にぜひ読んでいただき,これからの社会的養護の支援の仕組みとあるべき姿について,ともに考えていただきたい.

　本書の執筆,編集にあたっては,各執筆者の方々,そして勁草書房編集部の関戸詳子さんには大変お世話になった.紙面を借りて感謝申し上げる.

2020年1月1日

編 著 者

目　　次

第1章　社会的養護の定義と理念

第1節　社会的養護の定義と機能

1 「社会的養護」の定義の歴史的変遷

　1947（昭和22）年の「児童福祉法案逐条説明」の資料によれば，「養護施設」の「養護」は「養育保護の意味であり，学校教育は，はいらない」とされている．この説明から，「養護」は単純な「養育保護」の略語というよりも，「何らかの理由によって家族とともに暮らすことができず，そのために教育を受けられる状態にない」子どもたちに対して，「教育」の前提となる「心身の土台づくり」を行うという，戦前から続く「養護」の本質を反映するものとして使用されたことが理解できる[1]．

　「児童福祉法」が成立した1947（昭和22）年当時，街にはたくさんの戦災孤児があふれていた．当時制定された「児童福祉法」第1条において「すべて児童は，ひとしくその生活を保障され，愛護されなければならない．」と述べられ，第2条において「児童の健全育成に関する国および地方公共団体の責任」が明記されていた．これは，国や地方公共団体が公的機関の責任として，何らかの理由によって家族とともに生活することができない子どもたちに家庭の代替となる生活の場を提供することが，「社会的養護」の「社会的」の意味として位置づけられたのである．

　1950～60年代の高度経済成長に伴う社会情勢や家族形態の変容，社会的ニーズの変化によって，実態として，家庭で生活ができない何らかの理由がある要保護児童，障がいや非行問題等のある子どもやその保護者からさまざ

まな問題が挙がってきた．また，1989（平成元）年に国連で採択された「児童の権利に関する条約」を，日本は1994（平成6）年に批准したことにより，1997（平成9）年，「児童福祉法」が改正された．その趣旨として，「子どもと家庭を取り巻く状況の変化を踏まえ，子育てしやすい環境の整備を図るとともに，次代を担う児童家庭福祉施策の再構築を行うもの」とし，国の施策の中心概念を児童福祉から児童家庭福祉へ転換したことを表明した．

　2003（平成15）年，社会保障審議会児童部会は『社会的養護のあり方に関する専門委員会報告書』の中で，「家族や地域が有していた養育力が低下している現状にあっては，家族の再統合や家族や地域の養育機能の再生・強化といった親も含めた家族や地域に対する支援も，社会的養護本来の役割として取り組むことが必要である」とし，社会的養護の役割を，地域における家庭機能支援にまで拡大する見解を示した．

　2011（平成23）年に，児童養護施設等の社会的養護の課題に関する検討委員会・社会保障審議会児童部会社会的養護専門委員会は『社会的養護の課題と将来像』の中で，それまでに改革されてきた社会的養護および子育て施策を整理し，これからの社会的養護の基本的な考え方や具体的施策を示した．この報告書で，「社会的養護は，保護者のいない児童や，保護者に監護させることが適当でない児童を，公的責任で社会的に養育し，保護するとともに，養育に大きな困難を抱える家庭への支援を行う」と定義した．さらに，「すべての子どもと家庭のための子育て支援施策を充実させていく中で，社会的養護の対象となる子どもにこそ，特に支援の充実が必要である．また，社会的養護と一般の子育て支援施策は，一連の連続性を持つものであり，密接な連携が必要である」としている．

　これより，国の施策としての社会的養護は，それまでの要保護児童に対する施設養護や家庭養護に限定するものではなく，地域での家族支援までその役割を拡大したことを示した．

2　社会的養護の機能と基本的方向性

(1)　社会的養護の機能

2011（平成23）年に児童養護施設等の社会的養護の課題に関する検討委員会・社会保障審議会児童部会社会的養護専門委員会は『社会的養護の課題と将来像』の中で，社会的養護には3つの機能があると示されている．

一つ目は，家庭での適切な養育を受けられない子どもを養育する機能であり，社会的養護を必要とするすべての子どもに保障されるべきという「養育機能」である．

二つ目は，虐待等のさまざまな背景の下で，適切な養育が受けられなかったこと等により生じる発達のゆがみや心の傷（心の成長の阻害と心理的不調等）を癒し，回復させ，適切な発達を図る「心理的ケア等の機能」である．

三つ目は，親子関係の再構築等の家庭環境の調整，地域における子どもの養育と保護者への支援，自立支援，施設退所後の相談支援（アフターケア）などの「地域支援等の機能」である．

(2)　社会的養護の基本的方向

1)　家庭的養護の推進

わが国のこれまでの社会的養護において親子分離が必要な場合，その対応の中心は施設養護であった．この現状に対し，社会的養護の前提を「できる限り家庭的な養育環境の中で，特定の大人との継続的で安定した愛着関係の下で，行われる必要がある」としたうえで，それを可能とする養護形態として，家庭養護（里親，ファミリーホーム）を優先させる方針を打ち出している．なお施設養護についても，戦後から現在に至るまで約8割近くの施設近くの施設が大舎形態をとっていることに対して，小規模グループケア，グループホームといった家庭的養護を推進することで施設規模，ケア単位の小規模化の方向性を明確にした．

2)　専門的ケアの充実

専門的ケアの充実として，一つ目は虐待等により愛着形成の課題や心の傷を抱えている子どもに対して，専門的知識と技術を有する者による心理的・治療的ケアである．二つ目は，早期の家庭復帰のために親子関係の再構築など家庭環境の調整である．三つ目はDV（ドメスティック・バイオレンス）被害を受けた親子や，地域での自立した生活が困難なひとり親家庭には，母子生活支援施設による専門的な支援である．これらのために，社会的養護の体制の整備と支援技術の向上を図っていく必要がある．

3)　自立支援の充実

すべての子どもが社会への公平なスタートが切れるように，自立した社会人として，生活できるようにすることが重要である．このため，自己肯定感を育み自分らしく生きる力，他者を尊重し共生していく力，生活スキル，社会的スキルの獲得など，「ひとりの人間として生きていく基本的な力」を育む養育を行う必要がある．また，施設退所後のアフターケアの充実についても強調しているが，アフターケアに大切なのは，退所後に子どもが助けを求められる関係，自分を受け入れてくれる居場所と思っているかということにかかっている．こうした関係を退所前からつくっておくことが重要である．

4)　家族支援，地域支援の充実

虐待事例のうち親子分離に至らないものについて，虐待防止のための親支援，親子関係への支援，家族支援の充実が必要である．また，施設等での養育の後，早期の家庭復帰を実現するための親子関係の再構築等の家庭環境の調整や，家庭復帰後の虐待発生防止のための親支援の充実も必要である．さらに，施設が地域の里親等を支える地域支援やショートステイなどによる地域の子育て支援の機能も重要である．施設のソーシャルワーク機能を高め，施設を地域の社会的養護の拠点とし，これからの家族支援，地域支援の充実を図っていくことが必要である．

第 2 節　社会的養護の基本理念と共通原理

1　社会的養護の基本理念

(1)　子どもの最善の利益のために

「児童の権利に関する条約」第 3 条では，「児童に関するすべての措置をとるに当たっては，児童の最善の利益が主として考慮されるものとする.」と規定されている. また，2016（平成 28）年の「児童福祉法」の改正により，第 1 条が「全て児童は，児童の権利に関する条約の精神にのつとり，適切に養育されること，その生活を保障されること，愛され，保護されること，その心身の健やかな成長及び発達並びにその自立が図られることその他の福祉を等しく保障される権利を有する」と子どもの権利を強調された.

これらより，社会的養護は，子どもの権利擁護を図るための仕組みであり，「子どもの最善の利益のために」をその基本理念とすることが明らかとなった.

(2)　社会全体で子どもを育む

社会的養護の基本理念に，「すべての子どもを社会全体で育む」というのがある. これは，保護者の適切な養育を受けられない子どもを，公的責任で社会的に保護・養育するとともに，養育に困難を抱える家庭への支援を行うものである. 具体的には，子どもの健全育成は，「児童福祉法」第 1 条および第 2 条に定められているとおり，すべての国民の務めであるとともに，国および地方公共団体の責任であり，一人ひとりの国民と社会の理解と支援により行うものである.

また，「児童の権利に関する条約」第 20 条では，「家庭環境を奪われた児童又は児童自身の最善の利益にかんがみその家庭環境にとどまることが認められない児童は，国が与える特別の保護及び援助を受ける権利を有する.」

と規定されており，児童は権利の主体として，社会的養護を受ける権利を有していることが明記されている．

2　社会的養護の共通原理

　ここでは，社会的養護に関わる児童福祉施設や里親制度における，支援・養育の共通原理について述べる．次の6つの共通原理に基づいて，養育・支援を行っていくことが，子どもの健全育成を図るにあたって大切になってくる．

（1）　家庭養育と個別化

　すべての子どもは，適切な養育環境で，安心して自分をゆだねられる養育者によって，一人ひとりの個別的な状況を把握した上で，ニーズが十分に考慮されながら，養育されるべきである．一人ひとりの子どもが「愛され大切にされている」と感じることができ，子どもの育ちが守られ，将来に希望が持てる生活の保障が必要である．また，社会的養護を必要とする子どもたちに「あたりまえの生活」を保障していくことが必要である．

　そのためには，子どもの生活の場をできる限りユニットケアや小舎制などの施設の集団人数を少数にし，できるだけ地域とつながりのある家庭あるいは家庭的な環境で養育する「家庭的養護」と，個々の子どもの育みを丁寧にきめ細かく進めていく「個別化」必要である．

（2）　発達の保障と自立支援

　子ども期のすべては，その年齢・成長に応じた発達の課題を持ち，その後の成人期の人生に向けた準備の期間でもある．社会的養護は，未来の人生を作り出す基礎となるよう，子ども期の健全な心身の発達の保障を目指して行われる．特に，人生の基礎となる乳幼児期では，愛着関係や基本的な信頼関係の形成が重要である．子どもは，愛着関係や基本的な信頼関係を基盤にして，自分や他者の存在を受け入れていくことができるようになる．自立に向

けた生きる力の獲得も，健やかな身体的，精神的および社会的発達も，こうした基盤があって可能となる．

　養育者は，子どもの自立や自己実現を目指して，子どもの主体的な活動を大切にするとともに，さまざまな生活体験などを通して，自立した社会生活に必要な基礎的な力を形成していくことが必要である．

(3)　回復をめざした支援

　社会的養護を必要とする子どもに対しては，個々の子どもに応じた成長や発達を支える支援だけでなく，虐待体験や分離体験などのネガティブな経験からの癒しや回復をめざした専門的ケアや心理的ケアなどの治療的な支援も必要となる．また，近年増加している被虐待児童や不適切の養育環境で過ごしてきた子どもたちは，虐待体験だけでなく，家族や親族，友達，近所の住人，保育士や教師など地域で慣れ親しんだ人々との分離なども経験しており，心の傷や深刻な生きづらさを抱えている．さらに，情緒や行動，自己認知・対人認知などでも深刻なダメージを受けていることも少なくない．

　養育者は，社会的養護は必要な子どもたちが，安全・安心が感じられる環境で，一人の人間として大切にされる体験を積み重ね，信頼関係や自己肯定感（自尊心）を取り戻していけるようにしていくことが必要である．

(4)　家族との連携・協働

　子どもにとっては，親や家族と暮らすことは「あたりまえの生活」である．しかし，保護者の不在，養育困難，さらに不適切な養育や虐待など，「安心して自分をゆだねられる保護者」がいない子どもたちがいる．また，子どもを適切に養育することができず，悩みを抱えている親や配偶者等による暴力（DV）などによって「適切な養育環境」を保てず，困難な状況におかれている親子などがいる．

　社会的養護は，子どもや親の問題情況の解決や緩和を目指すために，その人たちの置かれている状況を的確に把握する．そして，適切な対応するため，

親とともに，親を支えながら，あるいは親に代わって，子どもの発達や養育
を保障していく包括的な取り組みである．

(5)　継続的支援と連携アプローチ

　社会的養護は，施設入所前のアドミッションケアから退所後のアフターケ
アまでの継続した支援と，できる限り特定の養育者による一貫性のある養育
が望まれている．

　社会的養護における養育は，「人とのかかわりをもとにした営み」であり，
子どもが歩んできた過去と現在，そして将来をより良くつないでいかなけれ
ばならない．一人ひとりの子どもに提供される社会的養護の過程は，「つな
がりのある道すじ」として子ども自身にも明確で，わかりやすいものである
ことが必要である．そこで，児童相談所等の行政機関，各種の施設，里親等
のさまざまな社会的養護の担い手がそれぞれの専門性を発揮しながら，巧み
に連携し合って，一人ひとりの子どもの社会的養護についての連携アプロー
チが求められる．

　また，社会的養護の担い手は，同時に複数で連携して支援に取り組んだり，
支援を引き継いだり，あるいは元の支援主体が後々まで関わりを持つなど，
それぞれの機能を有効に補い合い，重層的な連携を強化することによって，
支援の一貫性・継続性・連続性というトータルなプロセスを確保していくこ
とが求められる．

(6)　ライフサイクルを見通した支援

　養育者は，子どもたちが社会に出てからの暮らしを見通した支援を行うと
ともに，入所や委託を終えた後も長く関わりを持ち続け，帰属意識を持つこ
とができる存在になっていくことが重要である．

　社会的養護には，育てられる側であった子どもが親となり，今後は子ども
を育てる側になっていくことという世代をつないで繰り返されていく子育て
のサイクルへの支援が求められている．特に，虐待や貧困の世代間連鎖を断

ち切っていけるような支援が求められている.

注
1)　小木曽宏・宮本秀樹・鈴木崇之『よくわかる社会的養護内容 (第 2 版)』ミ
　ネルヴァ書房, 2013 年, p.3.

参考文献
井村圭壯・相澤譲治編著『保育と社会的養護』学文社, 2014 年
井村圭壯・相澤譲治編著『保育実践と社会的養護』勁草書房, 2016 年
大竹智・山田利子編『保育と社会的養護原理』みらい, 2013 年
小木曽宏・宮本秀樹・鈴木崇之編『(やわらかアカデミズム・〈わかる〉シリー
　ズ) よくわかる社会的養護内容』ミネルヴァ書房, 2012 年
厚生労働省雇用均等・児童家庭局長通知『児童養護施設運営指針』厚生労働省,
　2012 年
厚生労働省雇用均等・児童家庭局長通知『乳児院運営指針』厚生労働省, 2012
　年
杉本敏夫監修, 立花直樹・波田埜英治編著『(新・はじめて学ぶ社会福祉 2) 児
　童家庭福祉論 (第 2 版)』ミネルヴァ書房, 2017 年
千葉茂明編『(保育者養成シリーズ) 社会的養護』一藝社, 2014 年
山縣文治・林浩康編『(やわらかアカデミズム・〈わかる〉シリーズ) よくわかる
　社会的養護』ミネルヴァ書房, 2012 年

第2章　社会的養護の歴史

第1節　西洋における歴史

1　西洋におけるキリスト教文化と社会的養護の歴史

　西洋諸国における社会的養護の歴史は，中世以降のヨーロッパで形成されたキリスト教の博愛精神と慈善活動が源流である．キリスト教の信仰は，敬虔（Pietas）と愛徳（Caritas）を不可分と考え，さまざまな生活場面で信仰（神への愛）を行動（隣人愛）に示すことが重視される．このような考え方がキリスト教の基本的な博愛精神である．

　さらに隣人愛を具現化するため，キリスト教を信奉する人々は，慈悲（Misericordia）の善行に取り組んだ．そして，4世紀から15世紀後半まで続く中世ヨーロッパの社会は，人々の間でキリスト教が普及するとともに慈悲の善行，すなわち慈善活動（Charity）が定着していった．

　キリスト教を信奉する人々は，家族との死別や遺棄などで路上生活をおくる子ども，貧困家庭の子どもに対する慈善活動も行った．たとえば，13世紀のイタリア各地で普及したキリスト教信徒による「兄弟会」（慈善活動団体）は救護所を運営し，棄児（遺棄された子ども）や孤児（保護者を失った子ども）を保護・養育した．さらに「兄弟会」は，棄児・孤児と養母（養育者）を引き合わせる活動も行っていたという．このように「兄弟会」の実践は，社会的養護における代替的養護の源流の一つといえよう．

　16世紀以降のヨーロッパは，東方貿易で発展したイタリアの都市文化およびドイツにおけるキリスト教の宗教改革を契機に近世を迎えた．とりわけ，

後者の宗教改革を推進したルター（Luther, M.）は，慈善行為とキリスト教の信仰を積極的に結びつけ，貧困層の人々（特に孤児や貧困家庭で暮らす子どもたち）を支援した．それは 1523 年にライスニク（現在のドイツ連邦共和国ザクセン自由州内）の教会教区で実践された「共同金庫の規定」である．この「共同金庫の規定」は，子どもたちの学習支援や職業的自立を重視したルターの思想に基づいており，孤児の社会的自立を支援する代替的養護および貧困家庭を支援する補完的養護の先駆的な制度といえよう [1)2)].

2 社会的養護の先駆者たち

(1) ペスタロッチの実践と社会的養護

古典的教育学の礎を築いたペスタロッチ（Pestalozzi, J. H.）は，社会的養護分野においても先駆的な取り組みを行った.

1774 年，スイス連邦アールガウ州のビル村で農場を経営していたペスタロッチは，貧しい農家の子どもや物乞いをしていた子どもの救済事業（保護・養育と職業教育）を始めた．子どもの数は年々増加し，1778 年には 37 人の子どもたち（4 歳から 18 歳）が生活し，農耕や手工業（織布や糸紡ぎなど）に従事していた．さらに彼は，子どもたちに対して読み書きなどの基礎教育もおこなった．その間，ペスタロッチは「ノイホーフ便り」（1777-1778）を公表し，救済事業に対する寄付金募集と子どもたちを支援する職業教育の普及を図ったが，1780 年，資金不足により救済事業を廃止した．

1798 年 9 月，フランス軍の侵攻により，ヘルヴェティア共和国ウンタヴァルデン州（現在のスイス連邦ニートヴァルデン州・オプヴァルデン州）の州都シュタンツは戦火に見舞われ，多くの人々が犠牲となった．とりわけ，数多くの子どもが親を失い，ヘルヴェティア共和国の内閣は，孤児たちの救済をペスタロッチにゆだねた．

1798 年 12 月，ペスタロッチはシュタンツに赴き，孤児院で子どもたちの生活を支えた．彼は孤児院における「家庭的な教育関係」を重視し，「すぐれた人間教育はすべて，居間にいる母親の眼が，四六時中，わが子の心的状

態のどのような変化でも，子どもの眼と口もとと額とに確実に読み取ること
を要求します．すぐれた人間教育は，教育者の力が純粋な，しかも家庭関係
の全領域にまでいきわたることによって生活をくまなく活気づける父親の力
であることを，本質的に要求します」と述べている[3]．

　1799年6月，当時の政府はシュタンツの孤児院を閉鎖した．野戦病院に
転用するためである．その結果，ペスタロッチが取り組む子どもたちの保
護・養育と職業教育は，わずか7か月で終焉を迎えた．しかしながら，彼が
孤児院の実践で重視した「家庭的な教育関係」は，現代の社会的養護におい
ても重要な実践基盤といえよう[4]．

(2)　バーナードの実践と社会的養護

　近代的な社会的養護の先駆者として知られるバーナード（Barnardo, T. J.）
は，1866年，ロンドンのイーストエンド地区にある病院で医療を学んでい
た．医療技術を身につけたキリスト教の宣教師を目指すためであった．バー
ナードが赴任したイーストエンド地区は，1884年，トインビー・ホール
（支援者が移住し，人々の生活を支援するセツルメントの拠点）を創立する英国
国教会牧師のバーネット（Barnett, S. A.）が住民の生活改善に取り組んでい
た地域である．

　当時の英国は，18世紀後半より始まった産業革命により，富裕層と貧困
層の経済的格差が広がっていた．とりわけ，バーナードが勤務するロンドン
のイーストエンド地区は貧困層の住民が多く，劣悪な住宅事情と不衛生な生
活環境の中で暮らしていた．そこで彼は，1867年にイーストエンド地区の
子どもたちが基礎教育を受ける学校を設立し，1870年には，少年たちが木
工・金属加工・製靴の技術を学ぶ最初の施設（Home）を開設した．

　その後もバーナードは支援を必要とする子どもたちのために数多くの施設
（Home）を開設・運営し，20世紀初頭には96施設で約8,500人の子どもが
支援を受けながら生活していた．このうち，少女たちを支援する施設（The
Girls' Village Home）では，小舎制の建物（cottage）を設置するとともに保育

士（Nursery nurse）の知識・技術を身につける職業訓練プログラムを開発した．このようにバーナードの実践は，小舎制の家庭的養護や職業教育を積極的に取り入れたリービングケアの先駆的な取り組みといえよう 5).

3　社会的養護と子どもの権利擁護
──20 世紀初頭から第二次世界大戦前の動向

　1909 年，米国のルーズベルト大統領（Roosevelt, T.）は「児童と青少年に関する白亜館会議（ホワイトハウス会議）」を開催した．同会議のメンバーは，子どもの健やかな育ちに家族や家庭生活が重要であると主張し，里親による家庭養護プログラムの創設，里親と暮らす子どもたちの教育支援や医療的ケアの充実などを提言した．その結果，1912 年の連邦政府児童局設立以降，米国では，養子縁組が困難な子どもに対する里親制度の実施，施設養護の小規模化（大舎制から小舎制への転換）が進展した．

　1924 年 9 月，国際連盟総会で「児童の権利に関するジュネーブ宣言」が採択された．同宣言は，現代の社会的養護で重視する「子どもの最善の利益の尊重」の源流であり，人々が児童に対して最善のものを与える義務を持つことを明示している．さらに同宣言は，心身の正常な発達保障，飢えや病気に対する支援，障がいのある子どもや非行を犯した子どもの支援，孤児や路上生活をおくる子どもに対する支援の保障，災害や事故における救護の優先，労働の強要などによる搾取からの保護などを明記している．このように同宣言は 1989 年に国際連合が採択した「児童の権利に関する条約」の原点といえよう 6).

第 2 節　日本における歴史

1　日本の近代化と社会的養護の歴史

　日本における社会的養護の原型は，8 世紀前半より始まっていた．たとえ

ば，奈良時代に皇族が設けた悲田院・施薬院，中世における仏教寺院の僧侶
やイエズス会宣教師などによる救済活動，江戸時代における地方の領主や宗
教家，篤志家（私財を投じて支援する農民・町民など）が取り組む救済事業で
ある．一方，現代の社会的養護に連なる実践は，西洋の諸文化を導入した明
治期以降に進展した．そこで本節は，明治後期の 19 世紀後半から 20 世紀中
盤に活躍した先駆者たちの実践を取り上げ，日本における社会的養護の歴史
的特徴を学ぶ．

（1）　岡山孤児院における石井十次の実践

　1887（明治 20）年，医師を目指し，岡山県岡山市の診療所で代理診療に従
事していた石井十次は，夫に先立たれた女性から子ども（男児）を託された．
このことが契機となり，石井は同市内の寺院に孤児教育会（後年の岡山孤児
院）を創設し，社会的養護の実践に取り組む．石井は 1884（明治 17）年に岡
山市内のキリスト教会で洗礼を受けており，孤児院創設を決意した背景には
キリスト教の信仰心も影響を及ぼしていた．

　岡山孤児院創設の翌年以降，石井は小林富次郎商店（現在の株式会社ライ
オン）より寄付を受ける．さらに 1889（明治 22）年，孤児救済に生涯を捧げ
るため，在籍していた第三高等中学校医学部を中退した．

　当時の日本は国家の支援制度が皆無であった．そこで石井は「孤児教育会
趣意書」を作成し，同じ信仰を持つキリスト教関係者などに寄付を募り，運
営資金を調達した．石井の孤児院運営は，現代の社会的養護（とりわけ小規
模化による家庭的養護の形態）を先取りしており，小林富次郎商店からの寄付
などを財源に小舎制（コテージ・システム）の建物を建設した．また，小舎
制の建物には保母（現在の保育士）1 名と 10 名強の子どもが生活し，家庭に
近い環境を目指した．

　1894（明治 27）年，ルソー（Rousseau, J. -J.）の『エミール』（1762）に感銘
を受けた石井は，宮崎県の茶臼原に岡山孤児院の分院を建設した．さらに
1898（明治 31）年，私立岡山孤児院尋常高等小学校を設立し，翌年には幼

稚園も開設する．また，この時期に大原孫三郎（後に大原社会問題研究所を設立する実業家）と知り合い，経済的援助を受けた．

1905（明治38）年より石井たちは宮崎県の茶臼原に移住を始めた．また，同時期に発生した東北大凶作で家族を失った子どもたち824名を受け入れ，岡山孤児院は1,200名以上の子どもが暮らすようになった．

その後も石井は大阪に保育所と夜学校，東京に職業紹介や施療周旋を行う施設などを開設し，1912（大正元）年をもって宮崎県への移住が完了した．

国家の支援制度が整備されていない時代，石井は現代の社会的養護（小舎制による家庭的養護，職業教育をとおしたリービングケアなど）に通じる先駆的実践に取り組んだ．しかし，1914（大正3）年，石井十次は持病の悪化により，48歳の若さで永眠した[7][8]．

（2）　感化教育と留岡幸助の実践

明治期の日本で普及した感化教育は，児童自立支援施設が取り組む治療的養護の源流の一つである．当時，感化教育を実践する施設は「感化院」とよばれていた．

1899（明治32）年に「家庭学校」を創設した留岡幸助は，犯罪少年や不良少年を保護・教育する取り組みが感化事業であると述べている．つまり，感化教育とは，犯罪行為や不良行為により保護・教育が必要な少年を対象とした教育実践である．

大正期に入ると「感化院」は全国各地で設立・運営され，1919（大正8）年時点で55施設が感化教育を行っていた．ところが留岡は「感化院」という名称を用いず，1899（明治32）年に設立した施設を「家庭学校」と命名した．彼は，犯罪少年や不良少年を保護・教育する感化教育の場として，愛情あふれる家庭的環境を重視したからである．そのような彼の実践思想に影響を与えた人物が，古典的教育学の礎を築いたペスタロッチ（前節参照）である．留岡は，ペスタロッチの教育観や実践者としての生き方に共感し，家庭的処遇（家庭的環境の中で教員夫婦が支援する夫婦小舎制の取り組み）を導入し

た[9][10].

(3) 二葉幼稚園 (保育園) における野口幽香たちの実践

　既に学んだとおり, 補完的養護は家庭の子育てを補う社会的養護の一形態である. 就労している保護者の子育てを補う保育所は, 補完的養護の代表的な児童福祉施設といえよう. しかしながら, 日本における補完的養護の歴史は, 幼稚園から始まった.

　1900 (明治 33) 年 1 月, 華族女学校幼稚園 (後年の女子学習院幼稚園) に「保母」として勤務していた野口幽香と森島峰 (美根) は, 東京市麹区 (現在の東京都千代田区) の借家で二葉幼稚園を開設した. 野口と森島は従来の勤務を継続しなければならず, 華族女学校幼稚園の「保母助手」を務める平野マキが専任の「保母」として働いた.

　「私立二葉幼稚園設立趣意書」(1900) によれば, 野口たちは「中等以上 (筆者注: 裕福な家庭) の子女を保育し, 其の経験により, 益々貧児の境遇を憫むの余り, 彼等の為に特殊の幼稚園を起さんと欲し, 微力をも顧みず計画する所あり, 既に世の教育家慈善家の賛助を得て, 今年一月十日此の目的をもて貧民幼稚園を開き, 名づけて二葉幼稚園といふ」と紹介している[11]. つまり, 二葉幼稚園は, 経済的に困窮している家庭の子どもたちが対象であった.

　1906 (明治 39) 年, 二葉幼稚園は, 東京の三大貧民窟 (貧困家庭が多く生活する地域) の一つとされる四谷区鮫河橋 (現在の東京都新宿区内) に園舎を新設し, 本格的な「貧民幼稚園」の活動を始めた. 園の運営は, 野口や森島と同じ信仰を持つキリスト教関係者 (聖職者や信者たち) の寄付を財源にしていた. 開設当初, 保護者の過度な依存を発生させないため, 一日一銭の保育料を保護者から徴収していた. 四谷区鮫河橋への移転後, 保護者に貯蓄を奨励する方針となり, 保育料は無償となった. また, 低所得・長時間労働の保護者を支えるため, 二葉幼稚園は保育時間の延長や 3 歳未満の子どもの受け入れも実施した.

　1916（大正 5）年 7 月，二葉幼稚園は二葉保育園に改称した．常に貧困家庭の子どもと保護者を支援する実践は，開設当初から補完的養護の機能を有していたといえよう [12]．

2　第二次世界大戦後の社会的養護をめぐる課題
　──ホスピタリズムと積極的養護

　1945（昭和 20）年 8 月の終戦後，日本国内には戦災で家族を失った子どもが多く存在し，路上生活をおくる子どもたちの保護が喫緊の課題であった．そのような社会状況下の 1947（昭和 22）年，「児童福祉法」が公布され，戦前の孤児院から養護施設（現在の児童養護施設）に改称された施設は，戦災で家族を失った子どもたちを保護・養育した．その後，1950（昭和 25）年までに養護施設は急増するが，その多くは大舎制であった．

　西洋では，チャピン（Chapin, H. D.）やスピッツ（Spitz, R. A.）が施設で暮らす子どもたちの心身の発達不全（身体的発達や言語の遅れ，環境に対する適応能力の遅れ，病気に対する抵抗力の低下，情動の欠如）という問題を指摘していた．このように代替的養護の施設（現在の乳児院や児童養護施設）で暮らす子どもたちの心身が十分に発達しない状態をホスピタリズム（Hospitalism）という．1950 年代，大舎制の養護施設が急増した日本においてもホスピタリズムが専門家の間で議論された．その結果，養育者による家庭的な愛情と養育が子どもの健全な成長に不可欠であり，小舎制の住居環境による家庭的養護が望ましいと提唱された [13]．

　一方，1960 年代初め，養護施設の機能（「生活治療」と「生活指導」）に基づく「積極的養護理論」（石井 1963）も提唱された．提唱者の石井哲夫（1963）は，保護者がいないために施設入所する子どもを「単純養護機能障害」と定義し，保護者の養育が難しい状況の子どもを「特殊養育機能障害」と定義した．この「積極的養護理論」は，「生活治療」から「生活指導」に至る支援プロセスをとおして，上記の各機能障害に基づく子ども一人ひとりの課題を解決し，人格形成と健全育成を図ることが目的であり，施設養護の

新たな方向性を示す実践理念であった[14)15)].

注

1) 藤代泰三『キリスト教史』講談社学術文庫，2017年（原本：藤代泰三『キリスト教史』日本YMCA同盟出版部，1979年）

2) 阿部志郎・岡本栄一監修，日本キリスト教社会福祉学会編『日本キリスト教社会福祉の歴史』ミネルヴァ書房，2014年

3) ヨハン・ハインリッヒ・ペスタロッチ著（前原寿・石橋哲成訳）『ゲルトルート教育法，シュタンツ便り──西洋の教育思想6』玉川大学出版部，1989年，p.34.

4) ダニエル・トレェラー著（乙訓稔監訳，大沢裕・椋木香訳）『ヨハン・ハインリッヒ・ペスタロッチ』東信堂，2015年

5) 津崎哲雄「ドクター・T. J. バナード略伝〔付・バナード関係略年表〕」『ソーシャルワーク研究』6(11)，1980年，pp.28-39.

6) ジョン・E・B・マイヤーズ著，（庄司順一・澁谷昌史・伊藤嘉余子訳）『アメリカの子ども保護の歴史──虐待防止のための改革と提言』明石書店，2011年

7) 小野謙次郎『岡山孤児院』岡山孤児院，1908年

8) 岡山孤児院編『現在の岡山孤児院』岡山孤児院，1917年

9) 留岡幸助『家庭学校』第一編・第二編，警醒社，1901-1902年

10) 社会局編『感化事業回顧三十年』内務省社会局，1930年

11) 児童問題史研究会監修『日本児童問題文献選集第14巻 私立二葉幼稚園報告書』日本図書センター，1984年，pp.6-7.

12) 宍戸健夫『日本における保育園の誕生──子どもたちの貧困に挑んだ人びと』新読書社，2014年

13) 金子保『ホスピタリズムの研究──乳児院保育における日本の実態と克服の歴史』川島書店，1994年

14) 石井哲夫「積極的養護理論（II）」『社会事業の諸問題：日本社会事業短期大学研究紀要』9，1961年，pp.98-113.

15) 石井哲夫「養護機能の基本課題──積極的養護理論（3）」『社会事業の諸問題：日本社会事業大学研究紀要』11，1963年，pp.201-225.

参考文献

宍戸健夫著『日本における保育園の誕生──子どもたちの貧困に挑んだ人びと』新読書社，2014年

ダニエル・トレェラー，乙訓稔監訳・大沢裕・椋木香訳『ヨハン・ハインリッヒ・ペスタロッチ』東信堂，2015年

津崎哲雄著『(明石ライブラリー153) 英国の社会的養護の歴史──子どもの最前の利益を保障する理念・施策の現代化のために』明石書店，2013年

真壁宏幹編『西洋教育思想史』慶応義塾大学出版会，2016 年

ジョン・E・B・マイヤーズ，庄司順一・澁谷昌史・伊藤嘉余子訳『アメリカの
　子ども保護の歴史——虐待防止のための改革と提言』明石書店，2011 年

吉田幸恵著『(MINERVA 社会福祉叢書 58) 社会的養護の歴史的変遷——制
　度・政策・展望』ミネルヴァ書房，2018 年

第3章　児童の権利擁護と社会的養護

第1節　児童の権利に関する条約に至るまでの子ども観と動向

1　古代・中世までの子ども観と運動家

　子どもについての社会での捉え方や対応は時代により変化を続けている．たとえば古代社会から中世にかけて，社会や集団の中での子どもは「大人の所有物」（私物的わが子観）という考え方が主流であった．それは子どもを単純な労働力として考えていたことなどから，子どもの育ちに重要である教育が行われず，子どもの物心がついた頃には子どもの意思に関係なく，大人と同じように働かせられる（酷使される）ことが通常であった．このほか時として親が子どもを身売りすることや，子どもを遺棄・放任したほか，子どもの生命を奪うことなどが黙認されるという，悲惨な時代でもあった．

　その後，18世紀後半から，旧来の子どもの関わりに対する問題意識があげられるようになってきた．代表的なものとして，フランスではルソー（Rousseau, J.-J.）が著書『エミール』（1762年）で，スウェーデンではエレン・ケイ（Key, E.）が著書『児童の世紀』で，アメリカではデューイ（Dewey, J.）が著書『学校と社会』で子どもの捉え方についての認識を示した．そのほか，ポーランドではコルチャック（Korczak, J.）が小児科医と教育者として，生涯を子どもの権利の獲得に向けて生涯を捧げるなど，子どもの人権を守るために訴え続けた．

2　ホワイトハウス会議と児童の権利宣言

　子どもの権利について，世界的に注目されたのは，20世紀からであった．アメリカでは1909年に「第1回白亜館会議」（ホワイトハウス会議）が行われ，家庭生活は，最高にして，最も美しい文明の所産であるとされた上で，子どもは緊急にしてやむをえないニーズを除いては家庭から引き離されてはならないなど，社会的養護の考え方にもつながる方向性について確認された．

　その後，国際連盟が世界各国と協議し，1924（大正13）年に「児童の権利に関するジュネーブ宣言」（以下「ジュネーブ宣言」）を採択した．これは第一次世界大戦で多くの国の子どもの生命が奪われたことを反省するところから，子どもを適切に保護することを目的に宣言が定められた．

　しかしその後，世界は第二次世界大戦を迎えることとなり，子どもを含めて多数の人々が再び戦争に巻き込まれ犠牲となり，貧しく厳しい生活が余儀なくされた．その反省も含めて，第二次世界大戦終了後には，国際連合が1948（昭和23）年に「世界人権宣言」を採択し，子どもを含めたすべての人々の人権の重要性を明らかにした．これに引き続き，子どもの人権保障に関して，1959（昭和34）年11月20日の国際連合総会において，「児童の権利宣言」が採択された．これは身体的および精神的に未熟である子どもは，特別に守ることが必要である存在と位置づけられた．また宣言ではすべての子どもが，人種，皮膚の色，性，言語，宗教，政治上その他の意見，出身，財産，門地その他で差別を受けることなく，権利を与えられなければならないと，子どもが有している権利の保障が盛り込まれた．

第2節　児童の権利に関する条約と日本での法整備

1　児童の権利に関する条約の成立と概要

　「児童の権利宣言」の採択後も世界では子どもたちに対する差別的扱いが

継続的に発生していた．その一つの理由として，仮に「児童の権利宣言」の内容が守られないとしても罰則的な規定がないことも背景としてあった．このためポーランド政府から，国際連合に対して「子どもの権利条約」の草案が提出され，その案を受けて「国際児童年」（1979（昭和 54）年）に国際連合の人権委員会において作業部会が設置され，子どもの権利条約の具体的な検討が進められた．この流れによって条約制定に向けた準備が行われ，1989（平成元）年 11 月 20 日の国際連合総会において「児童の権利に関する条約」（通称：子どもの権利条約）が採択され，翌 1990（平成 2）年に国際条約として発効された（日本では 1994（平成 6）年 4 月 22 日に世界で 158 か国目に条約を批准）．この条約では，子どもを 18 歳に達するまでのものと定義し，人として持っている基本的人権などの権利を子ども自身が持っていると権利の主体性が明らかにされた．その上で，子どもの生存，発達，保護，参加の包括的な権利を子ども自身が行使することができるとして，子どもが権利主体であることが示された．

　「児童の権利に関する条約」は全 54 か条からなり，第 3 条では，「児童に関するすべての措置をとるに当たっては，公的若しくは私的な社会福祉施設，裁判所，行政当局又は立法機関のいずれによって行われるものであっても，児童の最善の利益が主として考慮されるものとする」とされ，児童の最善の利益を考慮して進めることが子どもの権利擁護として特に重要であるとされた．このほか，社会的養護に関連する代表的な内容として，差別の禁止（第 2 条），父母等の責任，権利及び義務の尊重（第 5 条），生命・生存及び発達の確保（第 6 条），父母からの分離等に関する権利（第 9 条），意見を表明する権利（第 12 条），児童の教育及び発達についての父母の責任と国の援助（第 18 条），監護を受けている間における虐待からの保護（第 19 条），家庭環境を奪われた児童等に対する保護及び援助（第 20 条），搾取・虐待・武力紛争等による被害を受けた児童の回復のための措置（第 39 条）などがあげられた．

2　日本における児童の権利擁護

　日本では，第二次世界大戦後の 1946（昭和 21）年に「日本国憲法」が制定され，国家責任として国民生活の保障をうたい，基本的人権の尊重（第 11 条），個人の尊重と公共の福祉（第 13 条），生存権の保障（第 25 条）などが盛り込まれた．この「日本国憲法」の精神を元にして，1947（昭和 22）年に「児童福祉法」が制定された．「児童福祉法」の制定前は，家庭に恵まれない子どもや，経済的に困窮している家庭の子どもなど限定的に保護の対象とされていた．しかし，「児童福祉法」の制定において，すべての子どもが心身ともに健やかに生まれ，愛護される対象であると明記され（現在は同法条文が変更されている），子どもの福祉全般を高めるための法律として整備された．また，この「児童福祉法」とあわせて，国民に対してすべての子どもの福祉と国民の正しい理解を図るため，国は 1951（昭和 26）年に「児童憲章」を定め，前文では「児童は，人として尊ばれる．児童は，社会の一員として重んぜられる．児童は，よい環境の中で育てられる．」（抜粋）と示された．これは日本においても，第二次世界大戦までの戦争に子どもが巻き込まれたほか，虐待や酷使されてきた子どもが多くいたこともあり，子どもを一人の人格のある存在として大人と同等であると認識できていなかった反省も含めて，子どもの人権を擁護するために改めて明示されたものといえる．

3　2016 年児童福祉法改正での児童の権利擁護の考え方

　2016（平成 28）年には「児童福祉法」の制定後，約 70 年ぶりに大幅改正された．この中で，これまでの国際条約である「児童の権利に関する条約」の精神に合致することを中心とした法改正が進められた．改正された「児童福祉法」では第 1 条において，すべての子どもが「児童の権利に関する条約」の精神にのっとり養育されること，生活が保障されること，愛され，保護されること，心身の健やかな成長・発達・自立が図られることが明示されるなど，子どもの生活保障と発達保障，養育のあり方についての理念が含め

られている．また第2条では，子どもの年齢および発達の程度に応じて子ど
も自身の意見が尊重され，児童の最善の利益が優先されるようにすることを
国民の努力義務として含めたところについても，これから児童の権利擁護を
考えていく上で重要な意味がある．この考え方に基づいて，子どもの権利擁
護をどのように実効性のあるものにしていくのかということが，今後の課題
の一つである．

第3節　社会的養護における児童の権利擁護とは

1　社会的養護における児童の権利擁護の考え方

　社会的養護の対象となる子どもたちは，これまでにさまざまな辛さや傷つ
き体験を抱えているといわれている．具体的には，子どもが自らの家庭内で
受けた虐待や養育環境における経験，子どもが自らの親や家族などの身近な
人と別れて生活しなければならなくなった経験，社会的養護の施設や里親家
庭などおいていくつもの物理的制限や心理的負担を受けている経験，社会的
養護から自立する場面での経験などである．

　とりわけ近年増加の一途を辿っている児童虐待は，子どもが直接的に辛さ
や傷つきなどを経験することとなる深刻な問題である．このため「児童虐待
の防止等に関する法律」（2000（平成12）年）では，「児童虐待が児童の人権
を著しく侵害し，その心身の成長及び人格の形成に重大な影響を与えるとと
もに，我が国における将来の世代の育成にも懸念を及ぼす」（第1条（抜粋））
ことなどを明記している．つまり子どもが受ける虐待経験は，子どもが人と
して固有的に認められる人権を侵害する行為であり，子どもの将来的な人格
形成も大きな懸念があるとされている．

　また，子どもの辛さや傷つき体験はそれぞれの子どもによって個人差が大
きく，子どもの辛さや受けた傷を，同じ方法で埋めていくことは不可能であ
るとともに，子どもの家庭復帰（家族再統合）や自立を含めた子どもの将来

を考えると，家庭や地域社会などの環境との調整や対応していくことが求められる．この点を踏まえた上で，社会的養護における子どもの権利擁護を進めていくことが必要である．

　具体的に社会的養護での子どもの権利擁護を進めるための取り組みとして，これまで国レベルでの検討や各種通知の発出，各自治体での施策，施設別の全国協議会での検討，各施設などでの対応が行われている．代表的な内容として，施設規模やケア単位の小規模化（子どもの入所定員が多い大舎制から，入所定員が少ない小舎制への移行や小規模ユニットケアの実施），里親およびファミリーホームの充実，職員基準の見直し（増員），里親の充実を図るための取り組み（里親に関する広報・啓発や，里親支援機関（里親フォスタリング機関など）の導入）といった，子どもの生活環境や人的資源の整備などである．

2　社会的養護施設の第三者評価

　日本では，2004（平成16）年に「社会福祉法」が改正され，第78条において福祉サービスの質の向上のための措置について示された．その後，社会的養護関係施設について，国が「児童福祉施設の設備及び運営に関する基準」を定めた．この基準により，2012（平成24）年度から社会的養護関係施設（乳児院・児童養護施設・児童自立支援施設・児童心理治療施設・母子生活支援施設）について，社会的養護関係施設は3年に1度以上，第三者評価の受審が義務づけられているとともに，受審結果の公表が定められている．

　この第三者評価の目的として，社会福祉事業の経営者が福祉サービスを受ける者の立場に立って良質かつ適切な福祉サービスを提供することとされている．また，第三者評価を受審する機会だけでなく各施設では日頃から自己評価を積極的に行うことや，2006（平成18）年に改正された「社会福祉法」に基づいて福祉サービスに苦情解決制度の実施なども行われ，福祉サービスの適正な運営が図られている．これらの制度や取り組みは，社会的養護の場で生活する子どもの生活がよりよいものとなることを目指して行われるものであることから，子どもの権利擁護の図る一つの仕組みとして期待される．

3　子どもの権利ノート

　社会的養護の場で生活する子どもたちの多くは，家庭から離れて生活している．この社会的養護の施設や里親のもとで生活する子どもは，その生活全般に対する意見を表明したり，相談したり，支援を受けている際に適切ではない関わり（施設内虐待など含む）を受けたときに相談方法を知ろうとした際，あるいは，子どものこれまでの生い立ちや生活に関する疑問，話を聞いてもらいたいと感じたときなどに，どこに，どのように相談すればよいのか分からないことなども懸念される．このことから，これらの子どもの生活を守り，権利を擁護することを目的として「子どもの権利ノート」が，社会的養護の場で生活する子どもたちに配布・説明され，相談先の公表を含めた子どもに対する説明が行われている．

　子どもの権利ノートには，児童の権利に関する条約に掲げられる具体的な子どもの権利について子どもが分かりやすいように工夫されている．またこの子どもの権利ノートは各自治体別（都道府県・政令指定都市など）が作成するものや，施設が独自で作成しているところもある．

4　自治体における子どもの取り組み
——子どもに関する条例・権利擁護機関の設置

　社会的養護の場で生活する子どもを含めて，すべての子どもが安心して生活することができるように，自治体（都道府県・市町村）によって，「児童の権利に関する条約」の理念に基づいて子どもに関する条例を制定するところがある．

　このほかにも，家庭や学校，子どもの生活全般で子どもの人権が侵害されている場合などに，子ども本人や家庭からの相談を受ける子どもの権利擁護機関の設置を行うところがある．代表的な子どもの権利擁護機関として，兵庫県川西市の子どものオンブズパーソン，神奈川県川崎市人権オンブズパーソン，埼玉県子どもの権利擁護委員会などがあり，30余りの自治体で設置

されている．これらの子どもの権利擁護機関は家庭や社会的養護などの子どもの生活の場がどこであるかということを問わず，その地域に住むすべての子どもを利用対象としている．

参考文献

相澤仁・柏女霊峰・澁谷昌史編『（やさしくわかる社会的養護シリーズ1）子どもの養育・支援の原理——社会的養護総論』明石書店，2012年，P36-39, P62-72

公益財団法人子ども情報研究センター『都道府県児童福祉審議会を活用した子どもの権利擁護の仕組み報告書』，2017年

厚生労働省社会保障審議会児童部会児童虐待防止のための親権の在り方に関する専門委員会「児童の権利利益を擁護するための方策について」2011年

社会福祉法人全国社会福祉協議会・全国児童養護施設協議会「子どもの権利を擁護し，養育条件を高めるために」2010年

喜多一憲監修，堀場純矢編『（みらい×子どもの福祉ブックス）児童家庭福祉』みらい，2017年

第4章　社会的養護の基本原則

第1節　個別化の原則

　第二次世界大戦直後の日本は，戦争孤児を大規模な施設で収容保護し，少ない職員で養育をするといういわゆる「集団養育」が主流であった．集団養育は管理的にはとても優れているものの，個々の成長発達のニーズに応じた養育が難しいという課題もあった．時代の流れとともに，日本でも集団養育の見直しが行われるようになり，集団養護や施設養護に対する言葉として家庭養護や家庭的養護などの用語が使用されるようになった．2012（平成24）年には厚生労働省が家庭養護と家庭的養護の用語について整理し，家庭養護は社会的養護を必要としている子どもを里親やファミリーホームで養育すること，家庭的養護は施設養護における小規模グループケアや地域小規模児童養護施設で養育することとした．この家庭的という言葉を家庭のようなという意味として解釈した場合，施設養護であっても家庭のような環境で養育することとして捉えることができる．これは，子どもたちにとって「あたり前の生活」が施設でも保証されることであると解釈することができる．「児童福祉法」第3条の2では，養育の優先順位が明確にされている．それによると①家庭（実父母や親族等を養育者とする環境），②家庭における養育環境と同様の養育環境（養子縁組による家庭，里親家庭，ファミリーホーム），③良好な家庭的環境（施設のうち小規模で家庭に近い環境）として優先順位が示されている．施設は大規模ではなく，できるだけ家庭的な環境で一人ひとりの子どもが大切にされ，その育みを丁寧にきめ細かく進めていくことを目的とした，支援の個別化が必要であると理解することができる．これは，「日本国

憲法」第13条の「すべて国民は，個人として尊重される」という規定に基づくものであるといえる．たとえば，自分の好みのものを個別に選択することができたり，学校での悩みなどを個別に相談できたり，病気になれば個別に看病してもらえたりと，それぞれの子どもの発達状況やニーズに応じて，常にあたり前の生活を提供できるように養育者には創意工夫していくことが求められる．

　その後2016（平成28）年に成立した改正「児童福祉法」では，子どもが権利の主体であることを位置づけるという大きな視点の転換がされ，子どもの家庭養育優先原則が明記されたのである．これはこれからの日本が進むべき児童家庭福祉の方向性が，集団養護から個別支援へと大きく転換されたことを意味する．この具体的な個別支援の方法としては，バイスティックの7原則の一つにある個別化の視点がわかりやすい．個別化とは，クライエントはどのような状況であっても一人の個人として大切に対応することで，先入観や偏見を持ってクライエントをみないことが大切である．生育歴や価値観など，同じ人は一人としていないことを理解すべきである．支援の個別化により，子どもたちは日常生活の中で自己決定することや自己実現することのよろこびを獲得することができるようになり，将来の自立へとつながっていくのである．

第2節　自立支援の原則

1　発達の保障の必要性

　人間はこの世に生を授かった瞬間から発達と成長を続けていく．精神分析家で発達心理学者のエリクソン（E. H. Erikson,）は，人生を次の8つの段階に分けている．①乳児期，②幼児期前期，③幼児期後期，④学童期，⑤青年期，⑥成人期前期，⑦成人期後期，⑧老年期である．子どもは年齢と発達段階に応じてそれぞれの発達課題があり，その課題に向き合い乗り越えること

は施設養護の中にあっても保証されなければならない．このことは，「児童
の権利に関する条約」の第6条に「児童の生存及び発達を可能な最大限の範
囲において確保する」と定められている．また，同条約第29条にも「児童
の人格，才能並びに精神的及び身体的な能力をその可能な最大限度まで発達
させること」と定められている．つまり，それぞれが発達する可能性を持ち，
その可能性を最大限に引き出し，人間としての発達を保障される存在なので
ある．

　この発達段階において，社会的養護の対象年齢である子ども期はその後の
人生の基盤が形成される大切な時期であるため，健康な心身の発達の保障を
目指して支援を行われなければならない．子ども期には，新生児期，乳児期，
幼児期，学童期，思春期などの発達段階があり，その段階ごとに発達課題も
ある．

　例えば，乳児期（生後18か月ころまで）は，アタッチメント（愛着）の発
達にとって重要な時期である．安心・安全な環境の中でそのままの存在を受
容されることで他者に対する基本的な信頼感を獲得していく．

　また，乳幼児期（小学校就学前頃まで）は言葉と運動の発達がメインとな
る時期であり，社会生活を営んでいく上で必要なソーシャルスキルを学び育
む時期である．同時に，愛着関係や基礎的な信頼関係を形成する時期でもあ
り，子どもの主体的な活動を大切にし，さまざまな生活体験などを通して，
自立した社会生活に必要な基礎力を形成する時期でもある．

　そして，児童期（小学生の時期）には，社会生活に必要な知識や行動をソ
ーシャルスキルとして獲得していく時期である．さらに，思春期以降は，同
年代の友人や仲間と課題を達成する成功体験の一方で，学業あるいは先生な
どの大人や同年代の友人との人間関係で挫折を経験する時期である．心身と
もに大人になるためのさまざまな変化を経験し，それと同時に成長していく
のである．つまり，養育者は，個々の子どもの発達や発育状態を踏まえて，
子ども自身が各段階で発達課題を達成できるようにタイミングをみながら支
援することが求められる．

2 自立支援の必要性

1997（平成 9）年に改正された「児童福祉法」の要保護児童対策では，これまでの「保護」から「自立」へと方向性が変わり，社会的養護の原則の一つとして自立支援という観点が取り入れられることになった．これにより自立支援が施設養護の目的にもなったのである．法改正後，厚生省（現在の厚生労働省）は，「児童自立支援ハンドブック」を 1998（平成 10）年に発行した．そこには「自立」および「自立支援」について，「児童の自立を支援していくとは，一人ひとりの児童が個性豊かでたくましく，思いやりある人間として成長し，健全な社会人として自立した社会生活を営んでいけるよう，自主性や自発性，自ら判断し決定できる力を育て，児童の特性と能力に応じて基本的生活習慣や社会生活技術（ソーシャルスキル），就労習慣と社会規範を身につけ，総合的な生活力が習得できるように支援していくことである．もちろん自立は社会生活を主体的に営んでいくことであって孤立ではないから，必要な他者や社会の助言，援助を求めることを排除するものではない．むしろそうした適切な依存は社会的自立の前提となるものである．そのためにも，発達期における十分な依存体験によって人間への基本的信頼感を育むことが，児童の自立を支援するうえで基本的に重要であることを忘れてはならない」[1] と記されている．つまり，自立支援とは，生活面や精神面，経済面が重視されがちであるが，むしろ前述したあたり前の生活においていかに依存体験を経験し基本的信頼感を育めるように支援者が援助できるかという側面も大切な視点であるといえる．このような体験をしていない子どもは，孤立感や大人や社会へ対する不信感・不安感を抱いていることが多く，他者への信頼感が欠如しているため，自己肯定感が低いままになってしまうケースも多い．そのため，基本的信頼感，自己肯定感などを持ち，子ども自身に自信を実感させ，獲得させるための専門的な知識や技術・経験に基づいた心理的支援も求められる．

3　アフターケアの必要性

　施設に入所している子どもは，施設退所後，うまく社会生活を送ることができないという現実が日本でもある．それは，本来家庭生活の中で獲得するソーシャルスキルが獲得できていないことがその原因として考えられる．また，身近に大人の生活者としてのロールモデルが少ないため，進学や就職などの人生の選択肢の幅も狭くなってしまいがちである．「児童福祉法」では社会的養護の対象を 18 歳までとしているため，施設に入所している子どもたちは，高校卒業と同時に退所し，あたり前のこととして社会に出て自立した生活を強いられる．ただし，自立生活への筋道が立たないまま不安定を余儀なくされることが予測される場合は，措置延長として 20 歳まで施設に在籍可能である．一般家庭で育った場合の多くは，実家が存在する．一時的に親元を離れて自立生活をしたとしても，職を失うなどのアクシデントがあった場合には実家からの援助を受けることが可能である．しかし，施設に入所している子どもたちは，職を失うことは生活の糧を失うことになってしまうことが多い．2004（平成 16）年に改正された「児童福祉法」で，児童養護施設の目的に「施設を退所した者に対する相談その他の自立のための援助を行うこと」が加えられ，施設退所後の援助（アフターケア）も施設の業務として位置づけられた．家庭的な支援が必要であるというのであれば，施設自体が子どもたちにとって実家の役割を果たしていくことも大きな役割である．

　このような状況において，この子どもたちのアフターケア施設として，誕生したのが自立支援ホームである．2017（平成 29）年時点では，全国に 141 か所まで拡大している．施設を退所した子どもたちがいつでも戻ってこられる安全基地のような居場所づくりが求められている．

第 3 節　集団の活用の原則

　集団の活用とは，集団生活の中で生じる仲間同士の相互作用の活用である．

集団の規模は施設の種別にもよるが，①子ども同士の集団（子ども集団），②職員集団，③子どもと大人（職員）で構成される集団に分けられる．施設での支援は基本的に個別化に基づいて行われているが，集団で生活することを活用した意図的なグループ経験を通じて，個人および集団の社会的機能を高め，子どもの持つ社会生活上の目標や課題を達成するための役割もある．例えば，ユニット型の生活をする上で子どもたちが自分たちの生活上のルールづくりをしたり，夏祭りやクリスマス会などのイベントの企画を主体的に運営したりする場合もある．集団生活の場合，グループ活動をすることは非常に多く，そのメリットとデメリットもそれぞれある．メリットとしては，①多くの人の意見や考え方を取り入れることができる，②コミュニケーション能力を獲得できる．デメリットとしては①他者との関係づくりが苦手な人にとっては苦痛である，②リーダーや上級生の意見が優先される，などが考えられる．この場合，支援者が意図的にグループに介入し，グループ活動がスムーズに進むように進行管理していくことも必要である．これは大舎制施設に限らず，小規模施設やファミリーホームにおいても，取り入れることは有効である．

　このようなグループワークは，施設における子どもの安心と安全の獲得，社会的規範の獲得，対人関係を構築していくためのソーシャルスキルなどを獲得していくことを目指して実施されており，子どもの発達にとって有効に活用することができる．支援者は，自らの価値観のみで判断するのではなく，全体のコーディネーターとしての役割を果たすことを常に念頭において支援していくことが必要である．

注
1)　児童自立支援対策研究会編『子ども・家族の自立を支援するために──子ども自立支援ハンドブック』日本児童福祉協会，2005 年

参考文献
児童育成協会監修，相澤仁・林浩康編『(新・基本保育シリーズ 6) 社会的養護 I』中央法規出版，2019 年

児童育成協会監修，相澤仁・林浩康編『(基本保育シリーズ6) 社会的養護（第2版)』中央法規出版，2017年

大竹智・山田利子編著『(学ぶ・わかる・みえるシリーズ保育と現代社会) 保育と社会的養護原理（第2版)』みらい，2017年

喜多一憲監修，堀馬純矢編集『(みらい×子どもの福祉ブックス) 社会的養護』みらい，2018年

辰己隆・波田埜英治編著『改訂　保育士をめざす人の社会的養護』みらい，2018年

橋本好市・原田旬哉編著『(学ぶ・わかる・みえるシリーズ保育と現代社会) 演習・保育と社会的養護実践──社会的養護II』みらい，2019年

原田旬哉・杉山宗尚編著『図解で学ぶ保育　社会的養護I』萌文書林，2018年

吉田眞理編著『児童の福祉を支える社会的養護I』萌文書林，2019年

第5章　社会的養護における保育士等の倫理と責務

第1節　専門職の倫理

1　倫理とは

　『哲学辞典』にある「倫理学」の解説の一部に「人間生活の望ましい状態・善悪について考察し，行為の規則をたて，努力に値するものはなにか，生活の意味とはなにかなどを明らかにする〜」[1] と書かれてある．「倫理学」は生活の中にあるルールについて追究する学問であるが，その社会に存在する「ルール」や，人と人との関係における「規範」，人間関係や社会を成り立たせる仕組みのことを「倫理」と考えることができる．人としてのマナーや，社会におけるモラルは，この倫理観を基に成り立っているほど重要なものであり，各種法律は，その「倫理」の中でも定めておくべきものを取り出してつくられているのである．

2　保育者の倫理とは

　数ある社会福祉専門職の中の一つである保育士は，国家資格化されて以降，さらに社会の期待に応えようと，子どもの支援を中心に実践を行ってきた．

　しかし，社会の変化とともに，保育者は子どもの養育に留まらず，保護者の支援や社会全体の子育て力向上をめざすことも求められる時代になってきた．特に，社会的養護においては，自閉スペクトラム症の子どもが増加していることや，子育ての孤立化，子どもの貧困など，社会の課題と子育て力の低下によって，子どもの人権侵害でもある子ども虐待が増加していることか

ら，さらに保育者の役割は重要になってきている．複雑な家庭環境を背景に持つ子どもとその保護者を支援する中で，保育者は，多くの倫理的課題に直面することになる．加えて，これまでは児童相談所が行ってきた家庭支援や里親支援は，家庭支援専門相談員や里親支援専門相談員を乳児院や児童養護施設に配置する規定が設けられたことからも分かるように，施設職員が担う業務や職員には，より高い専門性が求められる時代が到来してきていることを意味している．これらの専門的支援を行う際には，もちろん保育者個人の価値観や経験で，支援の判断をしてはならないことはいうまでもない．

　とはいえ，どんなに専門的な知識や技術を習得しても，その根本にある保育者としての倫理意識はそれ以上に必要不可欠なものである．保育士として活動をする限り，保育士資格の信用失墜行為や秘密保持義務の規定に反する行為をしてはならないことは，「児童福祉法」にも定められている通りである．このように，「倫理」とは，保育者が保育者として，広義には専門職として活動するために極めて重要なものである．

第2節　倫理綱領

1　全国保育士会倫理綱領

　専門職として社会的に認知され，社会的地位や価値を示すためにも，「倫理綱領」が定められていることは重要であり，多くの専門職団体がそれぞれの専門職の特性を踏まえた倫理綱領を作成している．

　保育士にも，全国保育士会が定めた「全国保育士会倫理綱領」がある．この倫理綱領は，2003（平成15）年に採択され，それ以降，保育士として働く者にとっての行動指標として活用されている．

　「全国保育士会倫理綱領」は，前文と8つの条文で構成されている．前文では，「私たちは，子どもの育ちを支えます．私たちは，保護者の子育てを支えます．私たちは，子どもと子育てにやさしい社会をつくります．」と謳

っている．保育士は，保育という子どもの生活を通して，子どもの発達を支援することを第一義的に行うともに，その子どもの発達のために必要な保護者の子育ても支援していかなければならない．さらに，「児童福祉法」や「児童憲章」と同様に，「全国保育士会倫理綱領」でも謳っている「子ども」とは，日本国すべての「子ども」を指している．つまり，保育士として働く者たちは，目の前の子どもの幸せが結果的には次の世代の子どもの幸せにもつながっていくことや，日本の子どもたちすべての幸せのために取り組んでいくことも，使命になっているのである．

　条文は，①子どもの最善の利益の尊重，②子どもの発達保障，③保護者との協力，④プライバシーの保護，⑤チームワークと自己評価，⑥利用者の代弁，⑦地域の子育て支援，⑧専門職としての責務について書かれている．特に，条文1の「子どもの最善の利益の尊重」は，保育のかなめである保育士としての行動原理を示している．また，最後の条文8の「専門職としての責務」は，社会福祉の専門職として自らの行動に責任を持ってもらいたいという強い願いとともに，人間としての豊かさも保育士には求めていることが示されているのである．

2　全国児童養護施設協議会倫理綱領

　2010（平成22）年に，全国児童養護施設協議会が「全国児童養護施設協議会倫理綱領」を制定した．この倫理綱領は，児童養護施設で生活する子どもの生活を守る職員らの養育の指標として利用され，養育が向上することを願い作られたものである．

　社会的養護における倫理綱領は，その他にも，2007（平成19）年には全国母子生活支援施設協議会で「全国母子生活支援施設協議会倫理綱領」が制定され，2008（平成20）年には「乳児院倫理綱領」が全国乳児福祉協議会によって制定された．独立行政法人国立病院機構全国保育士協議会においては，「全国保育士会倫理綱領」に基づいた重症心身障害児の支援に対する倫理綱領ガイドブックも作成されている．

表 5-1

全国児童養護施設協議会倫理綱領

2010 年 5 月 17 日　制定
社会福祉法人　全国社会福祉協議会
全国児童養護施設協議会

【原則】
　児童養護施設に携わるすべての役員・職員（以下，『私たち』という．）は，日本国憲法，世界人権宣言，国連・子どもの権利に関する条約，児童憲章，児童福祉法，児童虐待の防止等に関する法律，児童福祉施設最低基準にかかげられた理念と定めを遵守します．
　すべての子どもを，人種，性別，年齢，身体的精神的状況，宗教的文化的背景，保護者の社会的地位，経済状況等の違いにかかわらず，かけがえのない存在として尊重します．

【使命】
　私たちは，入所してきた子どもたちが，安全に安心した生活を営むことができるよう，子どもの生命と人権を守り，育む責務があります．
　私たちは，子どもの意思を尊重しつつ，子どもの成長と発達を育み，自己実現と自立のために継続的な援助を保障する養育をおこない，子どもの最善の利益の実現をめざします．

【倫理綱領】
　1.　私たちは，子どもの利益を最優先した養育をおこないます
　　一人ひとりの子どもの最善の利益を優先に考え，24 時間 365 日の生活をとおして，子どもの自己実現と自立のために，専門性をもった養育を展開します．
　2.　私たちは，子どもの理解と受容，信頼関係を大切にします
　　自らの思いこみや偏見をなくし，子どもをあるがままに受けとめ，一人ひとりの子どもとその個性を理解し，意見を尊重しながら，子どもとの信頼関係を大切にします．
　3.　私たちは，子どもの自己決定と主体性の尊重につとめます
　　子どもが自己の見解を表明し，子ども自身が選択し，意思決定できる機会を保障し，支援します．また，子どもに必要な情報は適切に提供し，説明責任をはたします．
　4.　私たちは，子どもと家族との関係を大切にした支援をおこないます
　　関係機関・団体と協働し，家族との関係調整のための支援をおこない，子どもと，子どもにとってかけがえのない家族を，継続してささえます．
　5.　私たちは，子どものプライバシーの尊重と秘密を保持します
　　子どもの安全安心な生活を守るために，一人ひとりのプライバシーを尊重し，秘密の保持につとめます．
　6.　私たちは，子どもへの差別・虐待を許さず，権利侵害の防止につとめます
　　いかなる理由の差別・虐待・人権侵害も決して許さず，子どもたちの基本的人権と権利を擁護します．
　7.　私たちは，最良の養育実践を行うために専門性の向上をはかります
　　自らの人間性を高め，最良の養育実践をおこなうために，常に自己研鑽につとめ，養育と専門性の向上をはかります．
　8.　私たちは，関係機関や地域と連携し，子どもを育みます
　　児童相談所や学校，医療機関などの関係機関や，近隣住民・ボランティアなどと連携し，子どもを育みます．
　9.　私たちは，地域福祉への積極的な参加と協働につとめます
　　施設のもつ専門知識と技術を活かし，地域社会に協力することで，子育て支援につとめます．
　10.　私たちは，常に施設環境および運営の改善向上につとめます
　　子どもの健康および発達のための施設環境をととのえ，施設運営に責任をもち，児童養護施設が高い公共性と専門性を有していることを常に自覚し，社会に対して，施設の説明責任にもとづく情報公開と，健全で公正，かつ活力ある施設運営につとめます．

（出所：全国児童養護施設協議会）

3　倫理的ジレンマ

「倫理」は，その人々に求められている行動指標であることから，厳密に行動基準や判断基準が示されているわけではない．しかし，普遍的なものが示されていることは間違いない．そのため，時代は変化しても，その人々に求められる根本は変わらないことが書かれているのである．

実践場面においては，保育者としてどのような判断や行動をするべきなのか，子どものことを優先しなくてはならないが，保護者や施設の方針もある．どれを優先するべきなのか，その決定に迷いが生じることがある．そのような状況を「倫理的ジレンマ（板ばさみ）」という．

保育者として，「倫理的ジレンマ」に直面することは決して悪いことではない．その度に，「倫理綱領」を参照しながら自らの行動を振り返り，子どもの最善の利益を考慮しながら検証を繰り返すことによって，保育者としての倫理規範が豊かになり，より良い支援へとつながっていくのである．加えて，この「倫理綱領」は，個人だけに課されているのではない．「倫理的ジレンマ」の中には，社会的責任を果たすことが求められている施設やその団体の課題に関係することもあるため，組織としてもこの「倫理綱領」を基本とした支援の検討が求められる．

第3節　専門職者の資質

1　専門職者とは

専門職とは，「社会から信頼に基づいて託された職務のことをいい，それには社会的責任を負う」[2] ものであるとされている．そのため，保護者の適切な養育を受けられない子どもたちを公的責任の下で養育する社会的養護において，専門職者らは社会から期待されている役割を全うすることが根本にはある．つまり，社会的養護の理念でもある，子どもたちの最善の利益を追

求しながら，社会から要請されている養育を行うことが専門職者らには求められているのである．

「児童養護施設運営指針」の第Ⅱ部，4. 権利擁護（1）子ども尊重と最善の利益の考慮の項目内に，「人権に配慮した養育・支援を行うために，職員一人一人の倫理観，人間性並びに職員としての職務及び責任の理解と自覚を持つ」と書かれてある．すなわち，日々，子どもたちの養育や支援を行う職員は，「倫理」を意識した行動が求められており，その行動こそが子どもの権利を守る行動につながっていくと考えることができる．

2　社会的養護における専門職者の姿勢

第一に，専門職として常に，自らの言動を振り返ることのできる人間性が求められる．専門職として経験を積み重ねていくことによって，さまざまな知識や技術，自信がついていく．その自信から，時には養育方針の偏りが起きていることに気づかぬ場合があり，「子どものため……」という言葉の呪文にかかった不適切な養育が行われ，子どもの人権侵害が起きてしまう可能性も秘めている．そのため，「経験によって得られた知識と技能，現実の養育の場面と過程のなかで絶えず見直しを迫られ」3) ていることを保育者らは意識していくことが必要である．

第二に，温かな心と冷静な判断ができる人間性が求められる．日々の養育は，理論にあてはめることができない場面が恒常的に起きるものである．これは，人間を相手にする専門職の特徴でもあり，専門職者としても大きな悩みの一つになるものである．子どもたちは，享受できるはずの家庭や保護者という環境をはく奪され，親子分離で入所するという分離体験による傷を負っている．そのような体験をしてきている子どもたちの養育は，一般家庭で暮らす子どもたちの支援のように「愛」をもって関わることは当然だが，それだけで養育は成り立たないのが社会的養護の養育である．

「分からないことは無理に分かろうと理論にあてはめて納得してしまうよりも，分からなさを大切にし，見つめ，かかわり，考え，思いやり，調べ，

研究していくことで分かる部分を増やしていくようにする」と「児童養護施設運営指針」に書かれてある．このように，社会的養護の保育者は，養育に対する粘り強い姿勢，研究する熱い気持ちを持つことも大切なのである．

3　社会的養護における職員の専門性

　専門性は，前述した専門職者の姿勢と同様に求められ，常に磨き高めていかなければならないものである．社会的養護においては，さまざまな施設種別があるため，それぞれが社会的に求められているものを理解しながら自己研鑽に励まなくてはならない．

　さまざまな種別がある中で，2015（平成27）年，全国児童養護施設協議会による『児童養護施設の研修体系——人材育成のための指針』では，児童養護施設職員に求められる専門性として，以下の7つをあげている．

- 社会的養護における自らの専門性と役割を理解し，これらの向上を図り続ける姿勢と，そのために必要な資質・価値観（倫理）・知識・技術
- 子どもの権利擁護を基盤とし，傷ついた子どもに対し，安心・安全を保障できる養育環境を構築するために必要な価値観（倫理）・知識・技術
- 社会的養護に関連する法制度の理解
- 子どもと家族を支援するために必要な価値観（倫理）・知識・技術
- 組織の一員として必要な価値観（倫理）・知識・技術
- 多職種協働チームにおける自らの専門領域（福祉，心理，FSW等）の位置づけとチームアプローチの展開
- 関係機関（里親も含む）や地域社会と連携，協働をはかることのできる職員として必要な社会性・価値観（倫理）・知識・技術

　ほとんどの項目で，知識・技術の前に，価値観（倫理）が記述してある．この記述の順番から考えると，知識や技術も大切ではあるが，それと同等，もしくはそれ以上に，専門職者としての人間性や姿勢が求められているのだと考えることもでき，職員は自らの人間性についても常に磨き続けなければならないのである．

注
1)　森宏一編『哲学辞典』青木書店，1980 年，p. 501.
2)　新保育士養成講座編纂委員会『(新保育士養成講座第 5 巻) 社会的養護 (改訂 2 版)』全国社会福祉協議会，2015 年，p. 102.
3)　厚生労働省雇用均等・児童家庭局長通知『児童養護施設運営指針』2012 年，「5. 養育の在り方の基本 (3) 養育を担う人の原則」

参考文献
相澤譲治・今井慶宗編著『子どもと社会的養護の基本』学文社，2017 年
秋田喜代美編集代表『(新時代の保育者) 今に生きる保育者論 (第 3 版)』みらい，2016 年
朝倉恵一・峰島厚編著『子どもの福祉と養護内容——施設における実践をどうすすめるか』ミネルヴァ書房，2004 年
仲村優一・一番ヶ瀬康子・右田紀久恵監修，岡本民夫・田端光美・濱野一郎・古川考順・宮田和明編『エンサイクロペディア社会福祉学』中央法規出版，2007 年
柏女霊峰監修，全国保育士会編『全国保育士会倫理綱領ガイドブック (改訂 2 版)』全国社会福祉協議会，2018 年
日本保育学会編『(保育学講座 1) 保育者を生きる——専門性と養成』東京大学出版会，2016 年

第6章　社会的養護の制度と法体系

第1節　児童福祉法

　「児童福祉法」は第1条において「全て児童は，児童の権利に関する条約の精神にのつとり，適切に養育されること，その生活を保障されること，愛され，保護されること，その心身の健やかな成長及び発達並びにその自立が図られることその他の福祉を等しく保障される権利を有する」ことを定めている．

　入所型施設である乳児院・児童養護施設・障害児入所施設については次のような定めがある．乳児院は「乳児（保健上，安定した生活環境の確保その他の理由により特に必要のある場合には，幼児を含む．）を入院させて，これを養育し，あわせて退院した者について相談その他の援助を行うことを目的とする施設」である（第37条）．児童養護施設は「保護者のない児童（乳児を除く．ただし，安定した生活環境の確保その他の理由により特に必要のある場合には，乳児を含む．（略）），虐待されている児童その他環境上養護を要する児童を入所させて，これを養護し，あわせて退所した者に対する相談その他の自立のための援助を行うことを目的とする施設」である（第41条）．障害児入所施設は「障害児を入所させて，当該各号に定める支援を行うことを目的とする施設」（第42条）であり，福祉型障害児入所施設は「保護，日常生活の指導及び独立自活に必要な知識技能の付与」（同条第1号），医療型障害児入所施設は「保護，日常生活の指導，独立自活に必要な知識技能の付与及び治療」（同条第2号）を行う．児童心理治療施設は，「家庭環境，学校における交友関係その他の環境上の理由により社会生活への適応が困難となつた児童

を，短期間，入所させ，又は保護者の下から通わせて，社会生活に適応するために必要な心理に関する治療及び生活指導を主として行い，あわせて退所した者について相談その他の援助を行うことを目的とする施設」である（第43条の2）．児童自立支援施設は，「不良行為をなし，又はなすおそれのある児童及び家庭環境その他の環境上の理由により生活指導等を要する児童を入所させ，又は保護者の下から通わせて，個々の児童の状況に応じて必要な指導を行い，その自立を支援し，あわせて退所した者について相談その他の援助を行うことを目的とする施設」である（第44条）．

　児童福祉施設についての設備及び運営の基準は第45条に規定されている．第1項は「都道府県は，児童福祉施設の設備及び運営について，条例で基準を定めなければならない．この場合において，その基準は，児童の身体的，精神的及び社会的な発達のために必要な生活水準を確保するものでなければならない」とする．第2項は「都道府県が前項の条例を定めるに当たつては，次に掲げる事項については厚生労働省令で定める基準に従い定めるものとし，その他の事項については厚生労働省令で定める基準を参酌するものとする」として，従業者及びその員数など第1号から第3号まで掲げられている．「児童福祉施設の設置者は，第1項の基準を遵守しなければならない」（第3項），「児童福祉施設の設置者は，児童福祉施設の設備及び運営についての水準の向上を図ることに努めるものとする」（第4項）という規定もある．里親については第45条の2に定めがあり，「厚生労働大臣は，里親の行う養育について，基準を定めなければならない．この場合において，その基準は，児童の身体的，精神的及び社会的な発達のために必要な生活水準を確保するものでなければならない」（第1項），「里親は，前項の基準を遵守しなければならない」（第2項）とする．

　また，施設等に措置されている児童の虐待防止についての定めがある．第33条の11では「施設職員等は，被措置児童等虐待その他被措置児童等の心身に有害な影響を及ぼす行為をしてはならない」と定める．この被措置児童等虐待とは「小規模住居型児童養育事業に従事する者，里親若しくはその同

居人，乳児院，児童養護施設，障害児入所施設，児童心理治療施設若しくは児童自立支援施設の長，その職員その他の従業者，指定発達支援医療機関の管理者その他の従業者（略）が，委託された児童，入所する児童又は一時保護が行われた児童（以下「被措置児童等」という.）について行う」一定の行為であり（法第33条の10），「被措置児童等の身体に外傷が生じ，又は生じるおそれのある暴行を加えること（同条第1号)」など4類型が規定されている.

第2節　その他の法令

1　厚生労働省とその組織法

「厚生労働省設置法」第3条は第1項で「厚生労働省は，国民生活の保障及び向上を図り，並びに経済の発展に寄与するため，社会福祉，社会保障及び公衆衛生の向上及び増進並びに労働条件その他の労働者の働く環境の整備及び職業の確保を図ることを任務とする」，第2項で「前項に定めるもののほか，厚生労働省は，引揚援護，戦傷病者，戦没者遺族，未帰還者留守家族等の援護及び旧陸海軍の残務の整理を行うことを任務とする」と定めている.

　内部部局のうち社会的養護との関連性が強いものとして，子ども家庭局や社会・援護局がある．また，社会保障審議会などの諮問機関が置かれている．「厚生労働省組織令」第92条によれば，子ども家庭局に総務課，保育課，家庭福祉課，子育て支援課，母子保健課の5課を置くこととされている．また同令第100条によれば社会・援護局には総務課，保護課，地域福祉課，福祉基盤課，援護企画課，援護・業務課，事業課の7課が置かれ，さらに同局内の障害保健福祉部は企画課，障害福祉課，精神・障害保健課を置くこととされている.

2　児童福祉施設の設備及び運営に関する基準

　「児童福祉法」第 45 条の規定を受けて省令である「児童福祉施設の設備及び運営に関する基準」が定められている．この基準は「都道府県知事の監督に属する児童福祉施設に入所している者が，明るくて，衛生的な環境において，素養があり，かつ，適切な訓練を受けた職員（略）の指導により，心身ともに健やかにして，社会に適応するように育成されることを保障するもの」（第 2 条）とされている．

　同基準は設備や職員について具体的に規定がある．たとえば第 7 章は児童養護施設について規定している．第 41 条は設備の基準であり，「児童の居室，相談室，調理室，浴室及び便所を設ける」（1 号），「児童の居室の 1 室の定員は，これを 4 人以下とし，その面積は，一人につき 4.95 平方メートル以上とする」「乳幼児のみの居室の 1 室の定員は，これを 6 人以下とし，その面積は，1 人につき 3.3 平方メートル以上とする」（2 号）などとしている．職員については「児童指導員及び保育士の総数は，通じて，満 2 歳に満たない幼児おおむね 1.6 人につき 1 人以上，満 2 歳以上満 3 歳に満たない幼児おおむね 2 人につき 1 人以上，満 3 歳以上の幼児おおむね 4 人につき 1 人以上，少年おおむね 5.5 人につき 1 人以上とする．ただし，児童 45 人以下を入所させる施設にあつては，更に 1 人以上を加えるものとする．」（第 42 条第 6 項）などの規定がある．

　第 48 条は福祉型障害児入所施設の設備の基準を定めている．第 1 号では，「児童の居室，調理室，浴室，便所，医務室及び静養室を設けること（以下略）」としている．そして，主として知的障害のある児童を入所させる施設（第 2 号），主として盲児を入所させる施設（第 3 号），主としてろうあ児を入所させる施設（第 4 号），主として肢体不自由のある児童を入所させる施設（第 5 号）など障害種別ごとの規定がある．医療型障害児入所施設の設備の基準は第 57 条に規定されている．まず第 1 号で「医療型障害児入所施設には，医療法に規定する病院として必要な設備のほか，訓練室及び浴室を設け

ること」とされている．第 2 号以下では，主として自閉症児を入所させる施設（第 2 号），主として肢体不自由のある児童を入所させる施設（第 3，4号）について，設置しなければならない部屋や設備について規定している．

3　児童虐待の防止等に関する法律

本法は「児童虐待が児童の人権を著しく侵害し，その心身の成長及び人格の形成に重大な影響を与えるとともに，我が国における将来の世代の育成にも懸念を及ぼすことにかんがみ，児童に対する虐待の禁止，児童虐待の予防及び早期発見その他の児童虐待の防止に関する国及び地方公共団体の責務，児童虐待を受けた児童の保護及び自立の支援のための措置等を定めることにより，児童虐待の防止等に関する施策を促進し，もって児童の権利利益の擁護に資すること」を目的としている（第 1 条）．

4　子ども・子育て支援法

「子ども・子育て支援法」は 2012（平成 24）年に成立した．この法律は「我が国における急速な少子化の進行並びに家庭及び地域を取り巻く環境の変化に鑑み，児童福祉法（略）その他の子どもに関する法律による施策と相まって，子ども・子育て支援給付その他の子ども及び子どもを養育している者に必要な支援を行い，もって一人一人の子どもが健やかに成長することができる社会の実現に寄与すること」を目的としている（第 1 条）．

第 3 節　省令・通知など

1　児童相談所運営指針

「児童相談所運営指針」第 1 章第 1 節 1「児童相談所の設置目的と相談援助活動の理念」(1) によれば，「児童相談所は，市町村と適切な役割分担・連携を図りつつ，子どもに関する家庭その他からの相談に応じ，子どもが有

する問題又は子どもの真のニーズ，子どもの置かれた環境の状況等を的確に捉え，個々の子どもや家庭に最も効果的な援助を行い，もって子どもの福祉を図るとともに，その権利を擁護すること（略）を主たる目的として都道府県，指定都市（略）及び児童相談所設置市（略）に設置される行政機関である」とされる．

2　児童養護施設運営指針

「児童養護施設運営指針」（平成24年3月29日厚生労働省雇用均等・児童家庭局長通知）第I部「総論」3「児童養護施設の役割と理念」によれば「児童養護施設における養護は，児童に対して安定した生活環境を整えるとともに，生活指導，学習指導，職業指導及び家庭環境の調整を行いつつ児童を養育することにより，児童の心身の健やかな成長とその自立を支援することを目的として行う」とされている．第II部「各論」4「権利擁護」(1)「子ども尊重と最善の利益の考慮」①では「子どもを尊重した養育・支援についての基本姿勢を明示し，施設内で共通の理解を持つための取組を行う」「施設長や職員が子どもの権利擁護に関する施設内外の研修に参加し，人権感覚を磨くことで，施設全体が権利擁護の姿勢を持つ」「子どもを尊重した姿勢を，個々の養育・支援の標準的な実施方法等に反映させる」ということが定められている．

3　乳児院運営指針

「乳児院運営指針」（平成24年3月29日厚生労働省雇用均等・児童家庭局長通知）第I部「総論」3「乳児院の役割と理念」によれば「乳児院における養育は，乳幼児の心身及び社会性の健全な発達を促進し，その人格の形成に資することとなるものでなければならない．また，乳幼児期は緊急的な対応を求められる場面も多いことから，適切な養育環境が速やかに手厚く保障されるよう努めなければならない」とされている．

4　里親制度運営要綱

　「里親制度の運営について」（平成14年9月5日厚生労働省雇用均等・児童家庭局長通知　雇児発第0905002号）により「里親制度運営要綱」が定められている．この第1「里親制度の趣旨」によれば「里親制度は，家庭での養育に欠ける児童等に，その人格の完全かつ調和のとれた発達のための温かい愛情と正しい理解をもった家庭を与えることにより，愛着関係の形成など児童の健全な育成を図るものであること」とされている．

5　里親及びファミリーホーム養育指針

　この指針は「里親及びファミリーホームにおける養育の内容と運営に関する指針を定める」ものである．「社会的養護を担う里親及びファミリーホームにおける養育の理念や方法，手順などを社会に開示し，質の確保と向上に資するとともに，また，説明責任を果たすことにもつながる」と規定している（第Ⅰ部「総論」1.「目的」）．

6　児童福祉法に基づく指定障害児入所施設等の人員，
　　設備及び運営に関する基準

　これは厚生労働省令である．第3条は第1項で「指定障害児入所施設等は，入所給付決定保護者及び障害児の意向，障害児の適性，障害の特性その他の事情を踏まえた計画（略）を作成し，これに基づき障害児に対して指定入所支援を提供するとともに，その効果について継続的な評価を実施することその他の措置を講ずることにより障害児に対して適切かつ効果的に指定入所支援を提供しなければならない」，第2項で「指定障害児入所施設等は，当該指定障害児入所施設等を利用する障害児の意思及び人格を尊重して，常に当該障害児の立場に立った指定入所支援の提供に努めなければならない」とする．

7　児童家庭支援センター設置運営要綱

　本要綱3「支援体制の確保」によれば「児童家庭支援センターは，要保護児童及び要支援児童の相談指導に関する知見や経験を有し，夜間・緊急時の対応や一時保護等を迅速かつ適切に行うことができるよう，児童相談所，市町村，里親，児童福祉施設，児童自立生活援助事業（略）を行う者，小規模住居型児童養育事業（略）を行う者，警察その他の関係機関との連携その他の支援体制を確保しなければならない」とされている．

参考文献

井村圭壯・安田誠人編著『現代の保育と社会的養護』学文社，2017年

新保育士養成講座編纂委員会編『（新保育士養成講座5）社会的養護（改訂2版）』全国社会福祉協議会，2015年

原田旬哉・杉山宗尚編著『図解で学ぶ保育　社会的養護I』萌文書林，2018年

吉田眞理編著『児童の福祉を支える社会的養護I』萌文書林，2019年

流王治郎・赤木正典編著『社会的養護I』建帛社，2018年

第7章　社会的養護の仕組みと実施体系

第1節　児童福祉の実施機関

1　児童相談所

　児童相談所は児童福祉における専門相談機関である．児童相談所は「児童福祉法」第12条に規定されており，都道府県と指定都市に設置義務が課せられている．また，2006（平成18）年度より中核市，2017（平成29）年4月より特別区も児童相談所を設置することができるようになった．2019（平成31）年4月現在，全国に215か所設置されている[1]．児童相談所の業務は，児童の福祉に関する家庭や市町村からの相談に対応し，調査，診断，判定，措置，一時保護を行うことである．一時保護とは，児童の迅速な安全確保および児童の心身の状況や環境の把握などを目的に一時的に保護することである．児童相談所は必要に応じ，一時保護施設を設置しなければならない，とされており，施設内では要保護児童の行動観察やカウンセリングなどを行っている．従来，児童相談所はあらゆる児童相談を担当していたが，2004（平成16）年の「児童福祉法」改正により，これまで児童相談所に集中していた相談業務を市町村に移行し，身近な資源で対応が可能な相談は市町村で，緊急かつ高度な専門性を要する相談は児童相談所でという役割分担が行われた[2]．児童相談所が対応する相談としては，養護相談（保護者の家出，失踪，死亡，入院等による養育困難，虐待，養子縁組等に関する相談），保健相談（未熟児，疾患等に関する相談），障がい相談（肢体不自由，視聴覚・言語発達・重症心身・知的障がい，自閉症等に関する相談），非行相談（ぐ犯行為，触法行為，

問題行動のある子ども等に関する相談)，育成相談（家庭内のしつけ，不登校，進学適性等に関する相談)，その他がある．平成 29 年度福祉行政報告例によると，これら相談のうち，養護相談が最も多く，次いで障がい相談となっている[3]．以前は，障がい相談が最も多かったが，近年は虐待相談件数が急増したことにより，養護相談のほうが上回る結果となっている．児童相談所には所長のほか，医師，児童ソーシャルワークを行う児童福祉司，心理検査や心理療法などを行う児童心理司，一時保護所において直接児童のケアにあたる児童指導員や保育士が配置されている．また，児童虐待相談対応件数の増加や法的に複雑な対応を要するケースも増加していることから，2016（平成 28）年より児童相談所を設置する自治体は，児童相談所に弁護士の配置またはそれに準ずる措置を行うこととなった．

2　福祉事務所

福祉事務所は福祉六法に定める援護，育成または更生に関する措置を行う行政機関であり，「社会福祉法」第 14 条に「福祉に関する事務所」と規定されている．都道府県と特別区，市に設置義務があり，町村は任意設置である．2018（平成 30）年 4 月現在，全国に 1,248 か所設置されている[4]．福祉事務所は都道府県が設置するものと市町村が設置するものとで，所管する法律が異なっている．都道府県福祉事務所は，「生活保護法」，「児童福祉法」，「母子及び父子並びに寡婦福祉法」の 3 法を所管している．市町村福祉事務所は福祉六法を所管している．福祉事務所における児童福祉に関する業務は①所管区域内の地域的実情の把握，②児童および妊産婦の福祉に関する相談，必要な調査，個別・集団による指導，③助産・母子保護の実施，④被虐待児に関する通告の受理，母子・父子・寡婦福祉資金貸付の申請受理，⑤専門的な判定，施設入所措置等を要する事案の児童相談所への送致，となっている[5]．福祉事務所には所長のほか，指導監督を行う所員，現業を行う所員，事務を行う所員が配置されている．福祉事務所には「家庭児童相談室」が設けられ，児童家庭福祉に関する相談業務を担当している．家庭児童相談室には社会福

祉主事と家庭相談員が配置されている．家庭児童相談室は地域における児童家庭福祉に関する身近な相談機関としての役割を担っている．

3　保健所

　保健所は，地域において住民の公衆衛生向上や疾病予防を図る専門機関であり，「地域保健法」に規定されている．都道府県と指定都市，中核市その他の政令で定める市または特別区が設置することになっており，2019（平成31）年 4 月現在，全国に 472 か所設置されている[6]．

　保健所の機能は，地域保健に関する思想の普及・向上，食品衛生，環境衛生，医事および薬事に関する事項，母子および老人保健，エイズや結核などの伝染病予防，地域住民の健康の保持および増進に関する事項などについて，企画，調整，指導などを行うことである．「児童福祉法」においては，保健所は，「児童の保健について，正しい衛生知識の普及を図ること」，「児童の健康相談に応じ，又は健康診査を行い，必要に応じ，保健指導を行うこと」，「身体に障害のある児童及び疾病により長期にわたり療育を必要とする児童の療育について，指導を行うこと」，「児童福祉施設に対し，栄養の改善その他衛生に関し，必要な助言を与えること」とされているほか，「児童相談所長は，相談に応じた児童，その保護者又は妊産婦について，保健所に対し，保健指導その他の必要な協力を求めることができる」とされている．このように保健所は健康診査や保健指導を通じて児童虐待の予防，早期発見などの役割を果たすことが期待されている．保健所には，医師，薬剤師，保健師，助産師，看護師，診療放射線技師，栄養士，統計技術者などが配置されている．

4　児童家庭支援センター

　児童家庭支援センターは「児童福祉法」第 44 条の 2 に規定されている地域の児童福祉に関する相談機関である．1997（平成 9）年の「児童福祉法」改正により，児童福祉施設の一つとして設置されることになった．2017（平

成29）年10月現在，全国に114か所設置されている[7]．児童家庭支援セン
ターは，地域の児童の福祉に関する各般の問題につき，児童に関する家庭そ
の他からの相談のうち，専門的な知識及び技術を必要とするものに応じ，必
要な助言を行うとともに，市町村の求めに応じ，技術的助言その他必要な援
助を行うほか，児童相談所長・都道府県の委託を受け，保護を要する児童お
よびその保護者の指導を行い，あわせて児童相談所，児童福祉施設との連絡
調整その他厚生労働省令に定める援助を総合的に行うことを目的としている．
「児童家庭支援センター設置運営要綱」によると，児童家庭支援センターは
①地域・家庭からの相談に応ずる事業，②市町村の求めに応ずる事業，③都
道府県または児童相談所からの受託による指導，④里親等への支援，⑤関係
機関等との連携・連絡調整を行うこととされている[8]．また，児童家庭支援
センターは，運営管理者を定めるとともに相談・支援を担当する職員2名，
心理療法等を担当する職員1名を配置することになっている．

5　児童委員

　児童委員は「児童福祉法」第16条に規定されており，子どもの健やかな
育成，児童や妊産婦の福祉の増進を図る活動を行うボランティアである．
「民生委員法」に基づく民生委員と兼務している．児童委員は，都道府県知
事の推薦により，厚生労働大臣が委嘱する形で任命される．児童委員の職務
としては，担当区域における児童や妊産婦の生活や環境状況の把握，児童や
妊産婦の保護や保健その他福祉サービスの利用についての情報提供，児童福
祉事業者との連携と支援，児童福祉司や福祉事務所の社会福祉主事への協力
などが規定されている．また，児童委員の中から主任児童委員が選出されて
いる．主任児童委員は，自身の担当区域を持たず，児童福祉に関する機関と
児童委員との連絡調整，児童委員の活動に対する援助および協力を行ってい
る．

第 2 節　児童福祉施設等

1　児童福祉施設の種類

児童福祉施設とは,「児童福祉法」の第 7 条に明記されている施設で[9],「児童福祉法」をはじめとする法令に基づいた児童福祉に関する事業を行う施設のことを指す．本章では,児童福祉施設とそれ以外の機関・事業において代表的なものを紹介する.

(1)　保育所

保育所は,「児童福祉法」第 39 条に規定されており,保育を必要とする乳児・幼児を日々保護者の下から通わせて保育を行うことを目的とする施設（利用定員が 20 人以上であるものに限り,幼保連携型認定こども園を除く.）である[10].

(2)　幼保連携型認定こども園

幼保連携型認定こども園は,「児童福祉法」第 39 条の 2 に規定されており,義務教育およびその後の教育の基礎を培うものとして,満 3 歳以上の幼児に対する教育および保育を必要とする乳児・幼児に対する保育を一体的に行い,これらの乳児または幼児の健やかな成長が図られるよう適当な環境を与えて,その心身の発達を助長することを目的とする施設である.

(3)　助産施設

助産施設は,「児童福祉法」第 36 条に規定されており,保健上必要があるにもかかわらず,経済的理由により,入院助産を受けることができない妊産婦を入所させて,助産を受けさせることを目的とする施設である.

（4）　乳児院

　乳児院は，「児童福祉法」第37条に規定されており，乳児（保健上，安定した生活環境の確保その他の理由により特に必要のある場合には，幼児を含む.）を入院させて，これを養育し，あわせて退院した者について相談その他の援助を行うことを目的とする施設である．乳児（1歳未満の者）を家族に代わり24時間365日預かり，見守り育てるほかに，家庭に引き取られた後もフォローを行う.

（5）　児童養護施設

　児童養護施設とは，「児童福祉法」第41条に規定されており，保護者のない児童（乳児を除く．ただし，安定した生活環境の確保その他の理由により特に必要のある場合には，乳児を含む.）以下，虐待されている児童その他環境上養護を要する児童を入所させて，これを養護し，あわせて退所した者に対する相談その他の自立のための援助を行うことを目的とする施設である.

（6）　児童自立支援施設

　児童自立支援施設は，「児童福祉法」第44条に規定されており，不良行為をなし，またはなすおそれのある児童および家庭環境その他の環境上の理由により生活指導等を要する児童を入所させ，または保護者の下から通わせて，個々の児童の状況に応じて必要な指導を行い，その自立を支援し，あわせて退所した者について相談その他の援助を行うことを目的とする施設である.

　対象の子どもの範囲は，「少年法」が規定する非行少年も含めるが，「不良行為」は，「非行」よりも広い範囲の反道徳的，反倫理的行為（不健全な性的行為や深夜徘徊，喫煙など）も含める.

（7）　母子生活支援施設

　母子生活支援施設とは，「児童福祉法」第38条に規定されており，配偶者のない女性またはこれに準ずる事情にある女子およびその者の監護すべき児

童を入所させて，これらの者を保護するとともに，これらの者の自立の促進
のためにその生活を支援し，あわせて退所した者について相談その他の援助
を行うことを目的とする施設である．

　また，「配偶者からの暴力の防止及び被害者の保護に関する法律」第 3 条
による一時保護の委託を受ける役割も担う．

(8)　児童心理治療施設

　児童心理治療施設は，「児童福祉法」第 43 条の 2 に規定されており，家庭
環境，学校における交友関係その他の環境上の理由により社会生活への適応
が困難となった児童を，短期間，入所させ，または保護者の下から通わせて，
社会生活に適応するために必要な心理に関する治療および生活指導を主とし
て行い，あわせて退所した者について相談その他の援助を行うことを目的と
する施設である．

　入所と通所の両機能を合わせもっており，在宅では問題の解決が難しい子
どもが，家族と離れて，施設に入所し，職員や他の子どもたちと生活をとも
にすることを通し，問題を解決しながら成長していくことを支援する．

(9)　障害児入所施設

　障害児入所施設は，「児童福祉法」第 42 条に規定されており，障害児を入
所させて，以下のような支援を行うことを目的とする施設である．福祉型と
医療型の 2 つに分かれており，医療型は福祉型より，より重度の医療が必要
な子どもたちが入所している．

①　福祉型障害児入所施設

　福祉型障害児入所施設は，障害児を入所させて，保護，日常生活の指導お
よび独立自活に必要な知識技能を身につける施設である．

②　医療型障害児入所施設

　医療型障害児入所施設は，医療の必要な障害児を入所させて，保護，日常
生活指導，独立自活に必要な知識技能を身につけ，治療をする施設である．

（10）　児童発達支援センター

　児童発達支援センターは，「児童福祉法」第43条に規定されており，以下の区分に応じて，障害児を日々保護者の下から通わせて，支援を提供することを目的とする施設である．

　①　福祉型児童発達支援センター

　福祉型児童発達支援センターは，日常生活における基本的動作の指導，独立自活に必要な知識技能の付与または集団生活への適応のための訓練をする施設である．

　②　医療型児童発達支援センター

　医療型児童発達支援センターは，日常生活における基本的動作の指導，独立自活に必要な知識技能の付与または集団生活への適応のための訓練及び治療をする施設である．

（11）　児童家庭支援センター

　児童家庭支援センターは，「児童福祉法」第44条の2で規定されており，地域の児童の福祉に関する各般の問題につき，児童に関する家庭その他からの相談のうち，専門的な知識および技術を必要とするものに応じ，必要な助言を行うとともに，市町村の求めに応じ，技術的助言その他必要な援助を行うほか，指導を行い，あわせて児童相談所，児童福祉施設等との連絡調整その他厚生労働省令の定める援助を総合的に行うことを目的とする施設である[11]．

（12）　児童厚生施設

　児童厚生施設は，「児童福祉法」第40条に規定されており，児童遊園，児童館等児童に健全な遊びを与えて，その健康を増進し，または情操をゆたかにすることを目的とする施設である．

　これらの児童福祉施設は，「児童福祉法」をはじめとする各種法令に規定されており，法令において決められた目的，設置基準，倫理綱領のもとで，

各施設の理念を大切にしながら運営されている.

　各施設では，利用対象者の条件が決まっており，そのサービス内容の範囲内において，サービスが提供される．他にも地域には，多種多様な専門機関があり，多くの専門職が働いている．各施設の利点をよく確認した上で，各専門機関と連携・協働の上で，利用者の一人ひとりのニーズに応じた支援を行っている.

　児童福祉に携わる専門職は，これらのことを専門知識の一つとして，これらの専門機関のことを把握しておかなければならない．まずは，地域にある専門機関の場所，そして各施設の目的，対象，サービス内容，利用方法など，必要な時に即対応できるように，整理し，日頃からそこで働く専門職の方々と関係づくりを行っておく必要がある.

　そして，利用者が必要となった場合は，利用者の最善の利益を考えながら，他機関と連携をしたり，他機関を紹介したりすることが，求められるのである.

2　児童福祉施設以外の機関・事業

　児童に関わる施設は，「児童福祉法」第 7 条に明記されている児童福祉施設以外にも存在している．各々の施設が大事な役割を持ち，各々の利用者のニーズに対応している．ここでは，上記で紹介した児童福祉施設と連携・協働する上で，最も関わりの深い施設を紹介する.

（1）　児童相談所の一時保護所

　児童相談所の一時保護所とは，「児童福祉法」第 33 条に規定されており，児童相談所長が，必要があると認めるときに，児童の安全を最優先に考え，児童の安全を迅速に確保し，適切な保護を図るため，または児童の心身の状況，その置かれている環境その他の状況を把握するため，児童の一時保護を行い，または適当なものに委託して，当該一時保護を行わせることができる

施設である.

　一時保護所は，主として「緊急保護」（棄児，迷子，家出した子ども等を緊急保護することをいう.），「行動観察」（一時保護所の職員による入所児童の基本的生活習慣，日常生活の状況，入所後の変化等，子どもの生活全般にわたる参与的な行動観察とその記録作成のことで，この記録は子どもの援助方針を決定する際の重要な資料になる.），「短期入所指導」（一時保護所入所による短期間の心理療法，カウンセリング，生活指導等が必要なケースに対して行われる.）が必要な場合に行われる.

　入所児童の年齢は2歳から18歳までと幅広く，乳児以外のすべての年齢層の児童を受け入れており，児童福祉において，中心的な役割を担っている[12].

(2)　児童自立生活援助事業（自立援助ホーム）

　自立援助ホームとは，被虐待体験などさまざまな理由により家庭で生活することができず，働いて自立しなくてはならない，原則として15歳から20歳までの子どもたちのための生活型のグループホームのことをいう．児童養護施設を退所した児童を援助することを目的とした施設である.

(3)　小規模住居型児童養育事業（ファミリーホーム）

　ファミリーホームとは，養育者の家庭に児童を迎え入れて養育を行う家庭養護の一環として行われている事業のことである．保護者のない児童または保護者に監護させることが不適当であると認められる児童に対し，適切な養育を行う事業のことをいう.

注
1）　厚生労働省ホームページ，『児童相談所関連データ』
　　https://www.mhlw.go.jp/content/11900000/000535923.pdf（2019年8月29日閲覧）
2）　山縣文治・林浩康編『（やわらかアカデミズム・〈わかる〉シリーズ）よく

わかる社会的養護（第2版）』，ミネルヴァ書房，2013年，pp. 78-79.

3)　厚生労働省『平成29年度福祉行政報告例の概況』，2018年，pp. 7-8.

4)　厚生労働省編『平成30年版厚生労働白書』，日経印刷，2019年，p. 191.

5)　相澤譲治・今井慶宗編著『子どもと社会的養護の基本』学文社，2017年，pp. 46-48.

6)　厚生労働省ホームページ，『設置主体別保健所数』
https://www.mhlw.go.jp/content/10900000/000497096.pdf（2019年8月29日閲覧）

7)　厚生労働省『平成29年社会福祉施設等調査の概況』2018年，p. 13.

8)　厚生労働省『児童家庭支援センター設置運営要綱』1998年，pp. 2-3.

9)　保育福祉小六法編集委員会編『保育福祉小六法2019年版』みらい，2019年，p. 101.

10)　同上書，pp. 161-162.

11)　同上書，pp. 162.

12)　同上書，pp. 146-147.

参考文献

相澤譲治・今井慶宗編著『子どもと社会的養護の基本』学文社，2017年

相澤譲治・今井慶宗編著『保育実践と児童家庭福祉論』勁草書房，2017年

一般社団法人全国保育士養成協議会監修，西郷泰之・宮島清編『ひと目でわかる　保育者のための児童家庭福祉データブック2019』中央法規出版，2018年

井村圭壯・相澤譲治編著『保育と社会的養護』学文社，2014年

浦田雅夫編『よりそい支える　社会的養護Ⅰ』教育情報出版，2019年

浦田雅夫編『よりそい支える　社会的養護Ⅱ』教育情報出版，2019年

社会福祉士養成講座編集委員会編『児童や家庭に対する支援と児童・家庭福祉制度（第7版）』中央法規，2019年

中里操，清水陽子・古野愛子・山崎喜代子編『保育実習ガイドブック——理論と実践をつなぐ12の扉』ミネルヴァ書房，2018年

保育福祉小六法編集委員会編『保育福祉小六法　2019年版』みらい，2019年

山縣文治・林浩康編『(やわらかアカデミズム〈わかる〉シリーズ) よくわかる社会的養護（第2版）』ミネルヴァ書房，2013年

第8章　社会的養護の対象

第1節　社会的養護の対象とは

1　社会的養護の法律上の定義および具体例

　社会的養護とは，「保護者のない児童や，保護者に監護させることが適当でない児童を，公的責任で社会的に養育し，保護するとともに，養育に大きな困難を抱える家庭への支援を行うこと」である．これらの児童や家庭について，「児童福祉法」では，「保護者のない児童又は保護者に監護させることが不適当であると認められる児童」を「要保護児童」（同法第6条の3第8項）と定義している．このほかに，同法では，「乳児家庭全戸訪問事業の実施その他により把握した保護者の養育を支援することが特に必要と認められる児童」を「要支援児童」，「保護者に監護させることが不適当であると認められる児童及びその保護者又は出産後の養育について出産前において支援を行うことが特に必要と認められる妊婦」を「特定妊婦」（同法第6条の3第5項）と定義しており，両者を合わせて「要支援児童等」との呼称で位置づけている．

　次に，これらの定義の対象となる具体例として，「要保護児童」とは，「被虐待児童」，「非行児童」，「保護者の著しい無理解または無関心のため放任されている児童，保護者の労働又は疾病などのため必要な監護を受けることのできない児童」，「知的障害又は肢体不自由等を有する児童であって保護者のもとにあっては十分な監護が行われないため，専門の児童福祉施設に入所して保護，訓練・治療したほうがよいと認められる児童」，「不良行為（犯罪行

為含む）をなし，またはなす恐れのある児童」，「孤児」，「保護者に遺棄され
た児童」，「保護者が長期拘禁中の児童」，「家出した児童」など[1] が該当す
る.

　「要支援児童及びその保護者」とは，「課題はあるが，主に市町村サービス
等の支援によって対応できる児童と保護者」，「出産後，間もない時期（おお
むね1年程度）の養育者が，育児ストレス，産後うつ状態，育児ノイローゼ
等の問題によって，子育てに対して強い不安や孤立感を抱える保護者及びそ
の児童」，「食事，衣服，生活環境等について，不適切な養育状態にある家庭
など，虐待のおそれやそのリスクを抱え，特に支援が必要と認められる保護
者及びその児童」，「児童養護施設等の退所又は里親委託の終了により，児童
が復帰した後の保護者及びその児童」など[2]，「特定妊婦」はハイリスク妊
婦とも呼ばれ，「若年の妊婦及び妊婦健康診査未受診や望まない妊娠等の妊
娠期からの継続的な支援を特に必要とする妊婦」など[3] が該当する.

2　社会的養護の対象範囲と子育て支援との関係

　社会的養護の領域・分野では，その主な対象は「要保護児童」と「その家
庭」であることは図8-1の通りである. しかし，「要支援児童」の対象とな
る家庭において，生活課題が深刻化して児童虐待のケースが発生したり，特
定妊婦が何らかの要因によって子育てをできる適切な環境を持つことができ
なくなれば，子どもは「要保護児童」として社会的養護の対象となる. 一方
で，要保護児童やその家庭が各種支援を受けることで養育環境が改善し，家
庭復帰が実現したとすれば「要支援児童」として地域で生活を再開すること
になる. このことから，法制度的には社会的養護の対象となる児童や家庭は
「要保護児童」および「その家庭」であるが，「要支援児童」およびその家庭，
「特定妊婦」なども含めて広義的に捉えていくことが賢明である.

　このように，「要保護家庭」，「要支援家庭」，「一般家庭」などの位置づけ
は固定的なものではなく，置かれている状況によって変化するものである.
そのため，市町村を実施主体として行われている地域・子ども子育て支援事

図8-1　「社会的養護」と「市町村の子育て支援施策等」との連携・協働

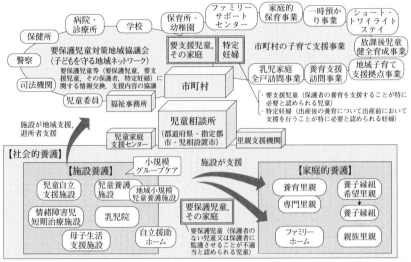

(出所：児童養護施設等の社会的養護の課題に関する検討委員会・社会保障審議会児童部会社会的養護専門委員会とりまとめ「社会的養護の課題と将来像（要点）」2011年，p.1)

業（図中では子育て支援事業）をはじめとしたいわゆる「子育て支援」や，地域の子育て家庭に関わる「関係機関の各種取り組み」は，社会的養護と一体的に運用されていくべき内容といえる．

第2節　社会的養護の対象となる児童・家庭の現状

1　社会的養護を必要とする児童

『社会的養育の推進に向けて』（厚生労働省）によると，社会的養護を必要とする児童の数は，全国で約4万5,000人である（2017（平成29）年3月末現在）．このうち，乳児院や児童養護施設をはじめとする「施設養護」を受けている子どもは約3万8,000人，里親やファミリーホームによる「家庭養護」を受けている子どもは約7,000人であり，社会的養護の対象となる児童全体の約85%が施設養護による養育の形態によるものである．

　全国の児童相談所における児童虐待に関する相談件数は,「児童虐待防止法」施行以降, その数は年々増加し, 2017 (平成 29) 年度は 13 万 3,778 件[4]に増加している. この傾向と比例するように,「児童養護施設入所児童等調査結果 (平成 25 年 2 月 1 日)」(厚生労働省) にみる「虐待経験がある児童」も増加してきており,「里親委託児」の 31.1%,「乳児院入所児」の 35.5%,「児童養護施設入所児」の 59.5% が虐待を受けていた経験を持つ. 次に,「心身の状況」をみると,「施設養護」を受けている児童の 29.1%,「家庭養護」を受けている児童の 23.3% が「障害等あり」となっている. 児童養護施設を例にとると, その内訳では知的障害が最も多く, 近年では広汎性発達障害, ADHD がある児童が増加傾向にある.

　このような入所・委託児童の状況に対応するために, 虐待を受けた子どもなどへの支援の量と質の拡充や, 障害等のある児童への適切な関わり (配慮等を含む) が求められており, その一端が「できる限り家庭的な環境」の中での個別的な関係性を重視したきめ細かなケアを提供していく体制である.

　厚生労働省は, ケア形態の小規模化を図るために, 乳児院, 児童養護施設, 児童心理治療施設, 児童自立支援施設を対象とした小規模グループケアの実施やグループホームの設置を進めており,「児童養護施設等の小規模化及び家庭的養護の推進について」により, 関係者に対して小規模化の意義や課題の周知を図っている. また, ケア形態の小規模化や里親等への委託等を推進するために, 各都道府県市は「児童養護施設等の小規模化及び家庭的養護の推進について」(厚生労働省雇用均等・児童家庭局長通知) に基づき, 2015 (平成 27) 年度から 2029 (令和 11) 年度末までの 15 年間に「本体施設入所児童の割合」,「グループホーム入所児童の割合」,「里親・ファミリーホームへの委託児童の割合」をそれぞれおおむね 3 分の 1 ずつにしていく「都道府県推進計画」を策定しており, 現在, 計画に基づいた取り組みが開始されている[5].

2　養護問題発生理由等

　次に示す表 8-1 は，児童養護施設における各年の調査結果の値である．表中①および②に示される児童の年齢および在籍期間をみると，2013（平成25）年の割合では「12 年以上」の長期在籍児童の割合に若干の増加がみられるが，いずれも微増減を繰り返しているものであり，顕著な傾向を見出すことは難しい．

　このようにみると，児童養護施設の入所児童の傾向には大差がないように捉えてしまう部分もあるが，とりわけ，着目したいのは③に示される措置理由（養護問題発生理由）である．

　措置理由（養護問題発生理由）は「児童を保護した理由」にほかならないが，その内容は時代によって大きく変化してきている．表中の 1983（昭和58）年と 2013（平成 25）年を比較すると，前者の頃は「（父・母・父母の）死亡」，「（父・母・父母の）行方不明」，「父母の離婚」，「（父母の）入院」といった保護者の状況を理由とするものが多く，「施設は親がいない児童の養育」あるいは「保護者の状況による一時的な養育」を担う場所として機能する施設という色が濃かったことがわかる．後者の年になると，これらの項目が占める割合は大きく低下し，「虐待（放任・怠惰，虐待・酷使，棄児，養育拒否）」，「（父・母の）精神疾患等」の割合の増加が著しくなる．

　ここで留意したいのは，これらの割合は，「児童相談所が児童を保護する際の理由である」という点である．たとえば，「虐待」を理由に保護をされたとしても，その背景には父母の不和や離婚，経済的な理由，育児・養育上の困難などが発生するなど，複合的な要因によって引き起こされた結果であることが多い．また，薬物の過剰摂取や精神疾患などを理由する場合であり，かつ保護に至るケースであったとすれば，子どもの食事を準備するなどの生活面での関わりも含めて考えると極めてネグレクトに近い状況であったであろうことは想像に難しくない．調査上の数値や割合から児童や家庭の現状を捉えることは大切であるが，主な要因（調査や状況などから表面上読み取れる

表 8-1　児童養護施設の児童の

①　児童養護施設の児童の年齢

単位：人数（人），［　］構成割合（％）

	在籍児の年齢				入所時の年齢			
	H25	H15	H4	S58	H25	H15	H4	S58
0 歳～5 歳	4,047 ［13.5］	5,421 ［17.8］	4,128 ［15.4］	4,610 ［14.4］	15,864 ［52.9］	16,704 ［54.9］	14,330 ［53.6］	16,400 ［51.2］
6 歳～11 歳	10,899 ［36.4］	12,408 ［40.8］	10,138 ［37.9］	13,820 ［43.1］	9,923 ［33.1］	10,010 ［32.9］	9,124 ［34.1］	12,330 ［38.5］
12 歳～17 歳	13,401 ［44.7］	11,448 ［37.6］	11,597 ［43.4］	13,110 ［40.9］	4,143 ［13.8］	3,642 ［12.0］	3,247 ［12.1］	3,310 ［10.3］
16 歳以上	1,607 ［5.4］	1,119 ［3.7］	856 ［3.2］	500 ［1.6］	14 ［0.0］	9 ［0.0］	― ―	― ―
総　　数	29.979 [100.0]	30,416 [100.0]	26,725 [100.0]	32,040 [100.0]	29,979 [100.0]	30,416 [100.0]	26,725 [100.0]	32,040 [100.0]
平 均 年 齢	11.2 歳	10.2 歳	11.1 歳	10.2 歳	6.2 歳	5.9 歳	6.4 歳	6.0 歳

注）　総数には年齢不詳を含む．

②　在籍児童の在籍期間

単位：人数（人），［　］構成割合（％）

	H25	H15	H4	S58
4 年未満	14,842 ［49.5］	17,415 ［57.3］	13,709 ［51.3］	17,880 ［55.8］
4 年以上～8 年未満	8,143 ［27.2］	7,705 ［25.3］	7,237 ［27.1］	8,990 ［28.1］
8 年以上～12 年未満	4,733 ［15.8］	3,737 ［12.3］	4,346 ［16.3］	4,190 ［13.1］
12 年以上	2,105 ［7.0］	1,530 ［5.0］	1,415 ［5.3］	980 ［3.1］
総　　数	29.979 [100.0]	30,416 [100.0]	26,725 [100.0]	32,040 [100.0]
平 均 期 間	4.9 年	4.4 年	4.7 年	4.3 年

注）　総数には年齢不詳を含む．

児童養護施設入所児童等調査結果
（出所：厚生労働省子ども家庭局家庭福祉課「社会的養育の推進に向けて」2019 年，p.6）

年齢，在所期間，措置理由

③　児童の措置理由（養護問題発生理由）

単位：人数（人），[　]　構成割合（%）

	H25	H15	H4	S58
（父・母　父母の）死亡	663 [　2.2]	912 [　3.0]	1,246 [　4.7]	3,070 [　9.6]
（父・母　父母の）行方不明	1,279 [　4.3]	3,333 [　11.0]	4,942 [　18.5]	9,100 [　28.4]
父母の離婚	872 [　2.9]	1,983 [　6.5]	3,475 [　13.0]	6,720 [　21.0]
父母の不和	233 [　0.8]	262 [　0.9]	429 [　1.6]	630 [　2.0]
（父・母の）拘禁	1,456 [4.9]	1,451 [　4.8]	1,083 [　4.1]	1,220 [　3.8]
（父・母の）入院	1,304 [　4.3]	2,128 [　7.0]	3,019 [　11.3]	4,090 [　12.8]
（父・母の）就労	1,730 [　5.8]	3,537 [　11.6]	2,968 [　11.1]	220 [　0.7]
（父・母の）精神疾患等	3,697 [　12.3]	2,479 [　8.2]	1,495 [　5.6]	1,760 [　5.5]
虐待（放任・怠惰，虐待・酷使，棄児，養育拒否）	11,377 [　37.9]	8,340 [　27.4]	4,268 [　16.0]	2,890 [　9.0]
破産等の経済的理由	1,762 [　5.9]	2,452 [　8.1]	939 [　3.5]	
児童の問題による監護困難	1,130 [　3.8]	1,139 [　3.7]	1,662 [　6.2]	
その他・不詳	4,476 [　14.9]	2,400 [　7.9]	1,199 [　4.5]	2,340 [　7.3]
総　　数	29,979 [100.0]	30,416 [100.0]	26,725 [100.0]	32,040 [100.0]

主要因）だけで考えるのではなく，その家族や家庭をトータルに捉えて分析していくアセスメントの視点が重要になる．

第3節　社会的養護の対象への支援の方向性

1　社会的養護の対象と法制度

　2016（平成28）年の「児童福祉法」の改正により，第1条には，「全て児童は，児童の権利に関する条約の精神にのっとり，適切に養育されること，その生活を保障されること，愛され，保護されること，その心身の健やかな成長及び発達並びにその自立が図られることその他の福祉を等しく保障される権利を有する」こと，第2条第1項には，「全て国民は，児童が良好な環境において生まれ，かつ，社会のあらゆる分野において，児童の年齢及び発達の程度に応じて，その意見が尊重され，その最善の利益が優先して考慮され，心身ともに健やかに育成されるよう努めなければならない」ことが定められた．また，同法第2条第3項には，「国及び地方公共団体は，児童の保護者とともに，児童を心身ともに健やかに育成する責任を負う」ことが規定され，第3条の2において「国及び地方公共団体は，児童が家庭において心身ともに健やかに養育されるよう，児童の保護者を支援しなければならない」ことが定められた．これにより「子どもの最善の利益のために」，「社会全体で子どもを育む」といった社会的養護の基本理念が法的に明確に位置づけられたことになる．

　ここに至るまでの近年の経過を「新しい社会的養育ビジョン」（厚生労働省）の記述6）をもとにみていくと，次の通りである．

　社会的養護の対象が虐待を受けた子どもなど，「児童の権利に関する条約」第23条に示される「特別のケア」が必要な子どもの増加に対して，社会的養護の人的基準が適正化されなかった反省から，2011（平成23）年に「児童福祉施設最低基準」（現「児童福祉施設の設備及び運営に関する基準」）の見直

しがなされたり，「社会的養護の課題と将来像」が取りまとめられることになった．これにより「社会的養護による地域支援の展開・社会的養護を養育の営みとして捉える視点の重視」，「家庭的養護の推進」，「施設やその生活単位の小規模化」，「施設の運営の質の向上に向けた施設運営指針の策定」，「第三者評価の実施」などが進められる運びとなった．そして，前出の 2016（平成 28）年の「児童福祉法」の改正では，家庭支援を行っても家庭での養育が困難であったり適当ではない場合には「家庭同様の養育環境での養育が原則」とされ，それが適当でない場合には「できる限り良好な家庭的環境で養育されること」が必要と定められた．また，同年に出された「新たな子ども家庭福祉のあり方に関する専門委員会」報告書では，永続的解決が重要と考えられ，特別養子縁組制度の充実が求められた．

　「新しい社会的養育養育ビジョン」はこれらの流れを汲んで出された報告書であり，今後目指すべき社会的養護の方向性が示されている．

2　「新しい社会的養育ビジョン」にみる家庭養育原則と取り組み目標等

　「新しい社会的養育ビジョン」では，乳幼児の家庭養育原則の徹底と，年限を明確にした取り組み目標が示されている．その内容は次の通りである．

（1）　家庭養育の原則

　家庭養育の原則を実現するため，原則として施設への新規措置入所を停止するため，遅くとも 2020（令和 2）年度までに全国で行われるフォスタリング機関事業（都道府県が行うべき里親に関する内容）の整備を完了する．

　愛着形成に最も重要な時期である 3 歳未満については「概ね 5 年以内」，それ以外の就学前の子どもについて「概ね 7 年以内」に里親委託率 75% 以上を実現し，学童期以降は概ね「10 年以内」を目途に里親委託率 50% 以上を実現する（2015（平成 27）年度末の里親委託率は全年齢で 17.5%）[7]．

(2)　ケアニーズに応じた支援

　ケアニーズが非常に高く，施設などにおける十分なケアが不可欠な場合には，小規模・地域分散化された養育環境を整える．施設などにおける在籍（入所）期間については，原則として乳幼児は「数か月以内」，学童期以降は「1年以内」とする．また，特別なケアが必要な学童期以降の子どもであっても「3年以内」を原則とする[8]．

(3)　施設の多機能化・機能転換

　代替養育を受ける子どもにとって，自らの将来見通しをもち，代替養育変更の意思決定プロセスが理解できるように，「年齢に応じた適切な説明」「子どもの意向を尊重」する必要がある．乳児院では，豊富な経験により培ってきた専門的な対応能力を基盤にさらに専門性を高めて，「親子関係に関するアセスメント」，「障害等の特別なケアを必要とする子どものケア」，「親子関係改善への通所指導」，「母子の入所を含む支援」，「親子関係再構築支援」，「里親・養親支援」などの重要な役割を地域で担う新たな存在として，乳児院を多機能化したり機能転換する[9]．

3　施設・里親の実態からみた今後の課題

　「家庭養育原則」などが重視されるに至った経緯や現在の考え方は，本節でみてきた通りである．しかし，各施設の現状を鑑みると，施設機能も体制もこれらの方向性に追いついていない感は否めない．たとえば，施設の小規模化を目指してユニット型の施設などに転換してきた近年の流れがあるが，その施設の構造や機能等は「新しい社会的養育ビジョン」に示される施設機能を予め想定してつくられたものではない．また，里親の仕組みにしても，その入口は数日の研修などの比較的敷居の低いものとなっているが，施設から措置変更されて里親のもとでの養育を受けていても，里親側の負担感などから再び施設養護に戻るケースは少なくない．この場合には，里親や新たにできた友人などの人間関係間での喪失体験を生むだけでなく，児童の自己肯

定感や自己存在感などを下げていく要因にもなりかねない.

　家庭に限りなく近い環境の中で養育されることが望ましいことはいうまでもないが,「社会的養護の実際の姿」と「社会的養護の法制度」との関係のなかで適切な形で運用していくためにはどうしたら良いのか. 社会的養護が直面している最大の課題（論点）の一つであろう.

注
1) 高知県庁ホームページ「資料1（要保護児童とは, どんな子ども達で, どんな問題を持っている子ども達なのか）」
https://www.pref.kochi.lg.jp/soshiki/060401/files/2011072000155/2011072000155_www_pref_kochi_lg_jp_uploaded_attachment_54440.pdf
（2019年7月27日閲覧）
2) 同上（高知県庁ホームページ）
3) 同上（高知県庁ホームページ）
4) 厚生労働省「平成29年 福祉行政報告例」2018年
5) 内閣府「第3章 困難を有する子供・若者やその家族の支援（第3節）」『平成29年版子供・若者白書（全体版）』
https://www8.cao.go.jp/youth/whitepaper/h29honpen/s3_3.html（2019年7月27日閲覧）
6) 新たな社会的養育の在り方に関する検討会「新しい社会的養育ビジョン」2017年, pp. 9-10.
7) 社会保障審議会児童部会社会的養育専門委員会「「新しい社会的養育ビジョン」について（概要）」2017年, p. 3.
8) 同上（社会保障審議会児童部会社会的養育専門委員会）p. 3.
9) 同上（社会保障審議会児童部会社会的養育専門委員会）p. 3.

参考文献
浅井春夫・黒田邦夫編著『〈施設養護か里親制度か〉の対立軸を超えて──「新しい社会的養育ビジョン」とこれからの社会的養護を展望する』明石書店, 2018年
新たな社会的養育の在り方に関する検討会「新しい社会的養育ビジョン」2017年
伊藤嘉余子編著『社会的養護の子どもと措置変更──養育の質とパーマネンシー保障から考える』明石書店, 2017年
柏女霊峰『これからの子ども・子育て支援を考える──共生社会の創出をめざして』ミネルヴァ書房, 2017年
喜多一憲監修, 堀場純矢編集『（みらい×子どもの福祉ブックス）社会的養護』みらい, 2017年

第9章　家庭養護と施設養護

第1節　国際社会からみた日本の社会的養護

1　社会的養護における施設養護の位置づけ

　わが国では，第二次世界大戦後の戦災孤児などを収容するために収容施設を設立してきた経緯があるため，現在においても里親に比べて施設に措置される子どもが圧倒的に多い．

　一方，世界的な社会的養護の視点としては，脱施設化（施設から家庭における養育への移行）が主流となっている．1989（平成元）年に国連で採択された「子どもの権利条約」に批准した加盟国は，定期的に国連の「子どもの権利委員会」（以下，委員会）で国内の子どもの権利を守る取り組みについて報告することが義務づけられ，わが国においても，これまでに5回の報告書を委員会に提出している．条約批准後，初めて提出した第1回の報告書に対する委員会からの所見[1]では，入所型の施設（児童養護施設や乳児院などの児童福祉施設）で暮らしている子どもたちへの「家庭環境に代わる手段を提供するために設けられた枠組みが不十分である」と指摘を受け，以後，何度も社会的養護のあり方については改善を要求されている．

　また，2009（平成21）年に採択された国連総会決議の「児童の代替的養護に関する指針」では，要保護児童を施設へ措置するのは「個々の児童にとって特に適切，必要かつ建設的であり，その児童の最善の利益に沿っている場合にかぎられるべきである」とされた．これにより，養育のパーマネンシー（永続性）の視点から，可能な限り，社会的養護を必要とする子どもが，実

親のいる家庭に戻れるよう支援をし，それが難しい場合は養子縁組といった永続的解決策を探ること，これらが不可能な場合のみ，里親への委託を検討し，施設への措置は最終手段であること，また，3歳未満の子どもに対しては，「家庭を基本とした環境が提供されるべき」ということが確認された[2]．

2　国連の指針に対する日本の対応

上述の国連からの所見や指針の通達などを受け，わが国では，2011（平成23）年に「社会的養護の課題と将来像」が発表され，今後十数年かけて，里親およびファミリーホーム，グループホーム，本体施設をそれぞれ3分の1ずつにしていくことが示された．また，本体施設もできる限り家庭的な養育環境（小規模グループケア，グループホーム）の形態に変えていく必要があるとされた[3]．

その後，2016（平成28）年の「児童福祉法」改正では，家庭養育優先の理念が規定され，実親による養育が困難であれば，特別養子縁組による永続的解決（パーマネンシー保障）や里親による養育を推進していくことが明文化された．この改正により，社会的養護に関する議論は急速に進展し，この改正法の理念を具体化するため，2015（平成27）年，厚生労働省に「新たな社会的養育の在り方に関する検討会」が設置され，2017（平成29）年8月2日に発表されたのが「新しい社会的養育ビジョン」である．この中で，後述する「家庭養護・家庭的養護」といった用語の整理が行われ，里親への委託率を就学前の児童は75％以上，学童期は50％以上とする数値目標が掲げられた[4]．

第2節 「新しい社会的養育ビジョン」における用語の整理

1 施設養護における用語の整理

(1) 施設養護

現在,「児童福祉法」第7条では,12種類の児童福祉施設が規定されている [5]. その内,主として要保護児童を支援するため子どもを入所させ,生活を提供する場である社会的養護施設を担うとしては,乳児院,児童養護施設,児童自立支援施設,児童心理治療施設,母子生活支援施設が挙げられる. 以前は大舎制を代表とする大規模施設が多くあったが,上述したように,近年施設の小規模化が推進されるようになったため,これらの施設形態に関する用語の整理を図式化すると,図9-1のようになる.

図9-1 児童福祉法における施設養護と家庭養護の類型

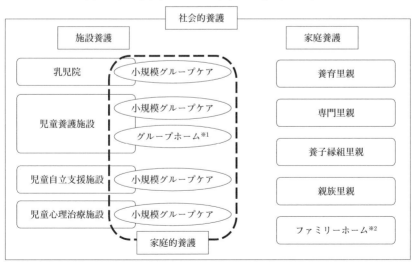

(出所:厚生労働省『「家庭養護」と「家庭的養護」の用語の整理について』を元に筆者作成)
※1 正式名称は「地域小規模児童養護施設」 ※2 正式名称は「小規模住居型児童養育事業」

(2)　家庭的養護（family-like care）

1)　小規模グループケア

本体施設の敷地内で行うもの（本園型小規模グループケア）と，敷地外でグループホームとして行うもの（分園型小規模グループケア）に分かれており，1 本体施設につき 6 か所まで指定することができる．大規模施設でも少ない定員（乳児院，4〜6 人，児童養護施設 6〜8 人，児童心理治療施設・児童自立支援施設 5〜7 人）でユニットを構成することができるため，より家庭的な環境に近い状態を作ることができるうえ，個々のホームが孤立化せず，施設全体での運営管理が行いやすいといった利点がある．全国で 1,620 か所（2017（平成 29）年 10 月 1 日現在）設置されている[6]．

2)　地域小規模児童養護施設（グループホーム）

主として本体施設から離れた家庭的な環境のもとで養育することが適切だとされる子どもを対象に，本体施設とは別に一戸建てやマンション等，本体施設とは別に既存の住宅を利用して教育を行う．6 名定員（5 名を下回ってはならない）で，一般家庭に類似した機能の中で処遇を行うことや，子どもが退所した後に地域での生活に移行しやすい等，自立支援の高い効果が期待されている．全国で 391 か所（2017（平成 29）年 10 月 1 日現在）設置されている[7]．

2　家庭養護（family-based care）

(1)　里親制度

「児童福祉法」第 6 条の 4 により，社会的養護を必要とする子どもに，温かい愛情と正しい理解を持った家庭環境で養育する制度である．戸籍上の親子関係とはならないが，里親家庭で一定期間養育される．里親の種類としては，以下に述べるように 4 つの種類があり，里親の種類によって委託される子どもの支援ニーズも異なる．すべての種類を合わせると，全国で登録里親数 11,730 世帯，委託里親数 4,245 世帯，5,424 人の子ども（2018（平成 30）年 3 月末現在）が委託されている[8]．

1）　養育里親

　養子縁組を目的とせず，要保護児童を対象とする里親である．基本的には，実親の下で暮らすことができるようになるまで委託されることとなるが，18歳まで委託する場合もあれば，数週間や1年以内など，子どものニーズに合わせて短期間で委託するケースもあり，特に短期間委託は，里親を増やすためのアプローチとして注目されている．養育里親になるための要件は自治体ごとに定められているが，すべての自治体で研修プログラムや施設での実習が義務づけられており，5年ごとの更新研修が義務づけられている．一度に委託できる子どもは4人までで，実子を含めて6人までとなっている．

2）　専門里親

　虐待・非行・障がいなど，専門的なケアを必要とする要保護児童を対象とし，実家庭への家庭復帰や家族再統合，自立支援を目的としている．専門性の高い支援が求められるため，児童相談所や療育機関など，関係する専門機関との連携が必要となる．専門里親になるためには，養育里親や児童福祉施設等における勤務経験や，専門的な研修を受けること，2年ごとの更新研修等が義務づけられている．専門里親に一度に委託できる子どもは2人までで，委託期間は2年となる（必要に応じて延長が可能）．

3）　養子縁組里親

　保護者のない子どもや，特に保護を必要としている子どもが，実子に近い安定した家庭を得るための制度である．子どもが15歳未満の場合は特別養子縁組制度により，児童相談所所長が養親候補者の届け出を提出後，6か月以上の試験養育を実施し，裁判所の審判により，実子（戸籍上は長男・長女等と記載）として戸籍に入ることとなる（民法817条の2)[9]．養子縁組里親の年齢は，子どもが成人したときに概ね65歳以下となるような年齢が望ましいとされている．なお，他の里親と異なる点として，養子縁組里親は里親手当が支給されず，その他の養育費（生活費・学校教育費・医療費等）のみ支給される．

4）　親族里親

　3 親等以内の親族（祖父母，おじ，おばなど）の児童の親が死亡，行方不明，拘禁，入院や疾患等で養育できない場合に委託される里親のことで，委託される子どもの精神的な負担を考慮し，養育里親よりも親族里親が優先されることが多い．2011（平成 23）年の東日本大震災では実親を亡くした子どもの多くが親族里親に委託された．これに伴い，2011（平成 23）年の秋から制度改正がなされ，扶養義務のない親族（おじ，おば）に里親を委託する場合は養育里親として適用されるようになり，里親手当が支給されることとなった[10]．

（2）　ファミリーホーム（小規模住居型児童養育事業）

　「児童福祉法」第 6 条の 3 第 8 項により，主として里親や児童福祉施設等における勤務経験を有するなど，委託児童の養育の経験を有する者が養育者となり，自らの住居をファミリーホームとし，自ら事業者となるものである．2008（平成 20）年から制度化され，6 名定員（5 名を下回ってはならない）で，児童間の相互作用を活かしつつ，児童の自主性を尊重し，基本的な生活習慣を確立するとともに，豊かな人間性および社会性を養い，児童の自立を支援することを目的としている．全国で 347 か所，1,434 人の児童（2018（平成 30）年 3 月末現在）が委託されている[11]．

第 3 節　家庭養護推進における問題と今後の課題

1　里親推進に関する諸問題

　社会的養育ビジョンの発表により，代替養育についてわが国もようやく根本的な見直しが図られ，家庭養育へと方向性を切り替えることができた．その一方で，このことに関する問題が多く指摘されている．

（1）　地域による推進率の格差

　わが国の里親推進率は，自治体によって大きな差ができている[12]．これには，里親登録者を増やすことができないこと，被虐待や経験による問題行動や障がいなど，特別な支援ニーズを持つ子ども増加している一方で，専門里親の数が少ないこと，養子縁組里親を希望しているが実親が行方不明になっているため，裁判所の手続きができずに養子縁組に進めないこと，登録している里親の希望する里子の年齢や性別などの条件と児童相談所が委託したい子どもとのマッチングが上手くいかないことなど，多くの問題が背景に挙げられる．

（2）　里親のたらい回し（フォスターケア・ドリフト）

　早くから家庭養護に切り替えた欧米各国でも近年問題になっているのが里親のたらい回し問題である．里親に委託された子どもが里親不調（里親からの虐待や里親側の燃えつき）によって何度も委託先の里親を変更することを余儀なくされている．わが国でも同じ様な現象が起こっており，児童養護施設に措置された子どもは8割が措置変更や途中退所することなく施設で生活を送ることができているが，里親委託では，家庭復帰率と18歳満年齢での委託解除を合わせると5割程度に留まっている[13]．つまり，里親委託が必ずしも要保護児童のパーマネンシーを保障しているとはいいきれず，子どもが特定の養育者との安定的・継続的な関係を築けずに，他者への信頼感を持てなくなってしまうことが懸念される．

2　家庭養護推進に関する今後の課題

　要保護児童の委託先をみると，2018（平成30）年3月現在，家庭養育18.3%，施設養育81.7%となっており[14]，社会的養育ビジョンの数値目標を達成するためには，今後，家庭養育を現状の2倍近くにしなければならない．代替養育におけるパーマネンシーの視点は重要であるが，掲げられた数値目標達成のための機械的に里親委託等が行われるべきではなく，個々の子

どもに対するアセスメントの結果に基づいて，相応しい代替養育が提供されるべきである．また，これまでの「児童福祉法」では子どもは愛護の対象として捉えられ，支援を提供する側，つまり児童相談所のアセスメントを主眼とした支援内容が重視されてきた．しかし，2016（平成28）年の「児童福祉法」改正により，子どもが権利の主体して捉えられるように転換されたため，今後，子どもにとって何が最も大切であるかという議論に子ども一人ひとりの意見を取り入れた支援の在り方を検討することが求められるであろう．

　より質の高い支援技術が里親には求められるため，里親の研修制度の充実や，里親支援機関（フォスタリング機関）の養成，その他にも児童相談所の改革や市町村レベルの子育て支援，さらに，乳児院・児童養護施設の高機能化・多機能化によって，より充実した里親・ファミリーホーム家庭への支援などが期待されている．

注
1)　児童の権利に関する委員会第18会期『条約第44条の下での締約国により提出された報告の審査　児童の権利に関する委員会の総括所見：日本』1998年
2)　国連総会決議『児童の代替的養護に関する指針』2009年
3)　児童養護施設等の社会的養護の課題に関する検討委員会・社会保障審議会児童部会社会的養護専門委員会『社会的養護の課題と将来像』2011年
4)　「社会的養育ビジョン」では，「小規模グループケアやグループホーム（家庭的養護）は，施設養護の中で家庭的な養育環境を整えるものであるが，養育者が交代制である点で，家庭養護とは異なる．しかし，「家庭的養護の推進」という言葉は，施設養護から家庭的養護への移行のほか，当面，施設養護もできる限り家庭的な養育環境の形態に変えていくことを含めて用いることとする．」としている．つまり，家庭養護，家庭的養護の両者を合わせていうときは，これまで通り，「家庭的養護の推進」という表現が用いられる．
5)　2015（平成27）年に施行された「子ども・子育て支援法及び就学前の子どもに関する教育，保育等の総合的な提供の推進に関する法律の一部を改正する法律の施行に伴う関係法律の整備等に関する法律」によって，幼保連携型認定こども園が児童福祉施設に加えられた．
6)　厚生労働省子ども家庭局家庭福祉課『社会的養育の推進に向けて』2019年
7)　同上
8)　厚生労働省子ども家庭局家庭福祉課『里親制度（資料集）』2018年

9)　2019（令和元）年 6 月 7 日「民法改正法」成立による．施行は公布日から
　　1 年を超えない範囲で行われる．改正以前は，原則，満 6 歳までが養子候補
　　者の上限年齢であった．
10)　扶養義務のある 3 親等内の親族による里親は，措置費で一般生活費や教育
　　費等のみ支給される．
11)　厚生労働省『福祉行政報告例』2018 年
12)　厚生労働省（2018）『福祉行政報告例』によると，里親・ファミリーホーム
　　の家庭養護に委託されている児童数を自治体比較で見ると，新潟市 51.1%，
　　静岡市 45.5% となっている一方で，秋田県 8.5%，大阪府 10.0% と，自治体
　　によって大きな格差が生じている．
13)　厚生労働省家庭福祉課（2017）『社会的養護の現状について』
14)　厚生労働省『福祉行政報告例』2018 年

参考文献
浅井春夫・黒田邦夫『〈施設養護か里親制度か〉の対立軸を超えて──「新しい社
　　会的養育ビジョン」とこれからの社会的養護を展望する』明石書店，2018 年
外務省 HP『人権外交　児童の権利条約（児童の権利に関する条約）』
　　https://www.mofa.go.jp/mofaj/gaiko/jido/index.html（2019 年 7 月 20 日閲覧）
厚生労働省 HP『新たな社会的養育の在り方に関する検討会』議事録
　　https://www.mhlw.go.jp/stf/shingi/other-kodomo_370523.html（2019 年 7 月
　　20 日閲覧）
厚生労働省・新たな社会的養育の在り方に関する検討会『新しい社会的養育ビジ
　　ョン』2017 年
法務省 HP『民法等の一部を改正する法律（特別養子関係）について』
　　http://www.moj.go.jp/MINJI/minji07_00248.html（2019 年 8 月 24 日閲覧）

第 10 章　社会的養護の専門職

第 1 節　児童福祉施設の設備及び運営に関する基準に基づく職員配置

　「児童福祉施設の設備及び運営に関する基準」において児童福祉施設における職員の一般的要件について，「児童福祉施設に入所している者の保護に従事する職員は，健全な心身を有し，豊かな人間性と倫理観を備え，児童福祉事業に熱意のある者であつて，できる限り児童福祉事業の理論及び実際について訓練を受けた者でなければならない.」（第 7 条）と規定されている. 社会的養護の専門職はこの要件を満たすことは当然ながら，社会的養護の基本理念や原理についての理解が不可欠である.

　社会的養護の充実のために，2011（平成 23）年 7 月に「社会的養護の課題と将来像」（児童養護施設等の社会的養護の課題に関する検討委員会・社会保障審議会児童部会社会的養護専門委員会）がとりまとめられた. このとりまとめにおいて，社会的養護の質の向上を図るため，施設等種別ごとの指針を作成することとし，2012（平成 24）年 3 月に「児童養護施設運営指針」,「乳児院運営指針」,「情緒障害児短期治療施設運営指針」[1],「児童自立支援施設運営指針」,「母子生活支援施設運営指針」などが定められた.

　これらの指針では，共通事項として「社会的養護の基本理念と原理」が掲げられている. 基本理念については，①社会的養護は，子どもの権利擁護を図るための仕組みであり，「子どもの最善の利益のために」をその基本理念とする，また，②「すべての子どもを社会全体で育む」をその基本理念とする，としている. さらに，原理について，社会的養護は，これを必要とする子どもと家庭を支援して，子どもを健やかに育成するため，基本理念のもと，

次のような考え方で支援を行うとし，①家庭的養護と個別化，②発達の保障と自立支援，③回復をめざした支援，④家族との連携・協働，⑤継続的支援と連携アプローチ，⑥ライフサイクルを見通した支援の 6 つを挙げている．社会的養護の専門職は，社会的養護の基本理念のもとに，専門的知識および技術をもって，これらの支援を行うことが求められる．

　社会的養護に関わる児童福祉施設の専門職の配置については，「児童福祉施設の設備及び運営に関する基準」に施設種別ごとに規定されている．

第 2 節　児童福祉施設に配置される専門職

1　保育士

　保育士は，児童福祉施設における代表的な職員であり，ほとんどの児童福祉施設に配置されている．保育所のほか，児童養護施設，乳児院，児童心理治療施設などに配置され，社会的養護における中心的な存在である．

　「児童福祉法」において「保育士の名称を用いて，専門的知識及び技術をもつて，児童の保育及び児童の保護者に対する保育に関する指導を行うことを業とする者」（第 18 条の 4）と規定され，児童養護施設などの社会的養護に関わる施設においては，児童指導員などとの連携により生活指導などの児童の生活全般にわたる業務を行う．

　保育士となる資格を有する者については，「児童福祉法」において次のように規定されている．

　(1)　都道府県知事の指定する保育士を養成する学校その他の施設（指定保育士養成施設）を卒業した者

　(2)　保育士試験に合格した者

2　児童指導員

　児童指導員は，児童福祉施設における中核的な職員であり，多くの児童福

祉施設に配置されている．児童養護施設，乳児院，児童心理治療施設などに配置され，社会的養護における中心的な存在である．業務内容は，施設入所児童の生活指導や家庭環境の調整，自立支援，学校や児童相談所などの関係機関との連絡調整などを行う．

　児童指導員の資格については，「児童福祉施設の設備及び運営に関する基準」において次のいずれかに該当する者でなければならないと規定されている．

(1)　都道府県知事の指定する児童福祉施設の職員を養成する学校その他の養成施設を卒業した者

(2)　社会福祉士の資格を有する者

(3)　精神保健福祉士の資格を有する者

(4)　「学校教育法」の規定による大学の学部で，社会福祉学，心理学，教育学もしくは社会学を専修する学科，またはこれらに相当する課程を修めて卒業した者

(5)　「学校教育法」の規定による大学の学部で，社会福祉学，心理学，教育学または社会学に関する科目の単位を優秀な成績で修得したことにより，「学校教育法」第102条第2項の規定により大学院への入学を認められた者

(6)　「学校教育法」の規定による大学院において，社会福祉学，心理学，教育学もしくは社会学を専攻する研究科，またはこれらに相当する課程を修めて卒業した者

(7)　外国の大学において，社会福祉学，心理学，教育学もしくは社会学を専修する学科，またはこれらに相当する課程を修めて卒業した者

(8)　「学校教育法」の規定による高等学校もしくは中等教育学校を卒業した者，「学校教育法」第90条第2項の規定により大学への入学を認められた者もしくは通常の課程による12年の学校教育を修了した者，または文部科学大臣がこれと同等以上の資格を有すると認定した者であって，2年以上児童福祉事業に従事したもの

(9)　「学校教育法」の規定により，小学校，中学校，義務教育学校，高等
　　学校または中等教育学校の教諭となる資格を有する者であって，都道
　　府県知事が適当と認めたもの

(10)　3 年以上児童福祉事業に従事した者であって，都道府県知事が適当
　　と認めたもの

3　母子支援員

　母子支援員は，母子生活支援施設において，母子の生活支援を行う者であ
る．母子を共に入所させる施設の特性を生かしつつ，親子関係の再構築など
の支援および退所後の生活の安定が図られるように個々の母子の家庭生活お
よび稼働の状況に応じて，就労，家庭生活および児童の養育に関する相談，
助言および指導を行い，また，関係機関との連絡調整などの支援を行う．

　母子支援員の資格については，「児童福祉施設の設備及び運営に関する基
準」において次のいずれかに該当する者でなければならないと規定されてい
る．

(1)　都道府県知事の指定する児童福祉施設の職員を養成する学校その他
　　の養成施設を卒業した者

(2)　保育士の資格を有する者

(3)　社会福祉士の資格を有する者

(4)　精神保健福祉士の資格を有する者

(5)　「学校教育法」の規定による高等学校もしくは中等教育学校を卒業し
　　た者，「学校教育法」第 90 条第 2 項の規定により大学への入学を認め
　　られた者もしくは通常の課程による 12 年の学校教育を修了した者，ま
　　たは文部科学大臣がこれと同等以上の資格を有すると認定した者であ
　　って，2 年以上児童福祉事業に従事したもの

4　児童自立支援専門員

　児童自立支援専門員は，児童自立支援施設において児童の自立支援を行う

者とされ，児童自立支援施設における中核的な職員である．生活指導などを通して，児童がその適性および能力に応じて，自立した社会人として健全な社会生活を営んでいくことができるよう支援する．

　児童自立支援専門員の資格については，「児童福祉施設の設備及び運営に関する基準」において次のいずれかに該当する者でなければならないと規定されている．

(1)　医師であって，精神保健に関して学識経験を有する者

(2)　社会福祉士の資格を有する者

(3)　都道府県知事の指定する児童自立支援専門員を養成する学校その他の養成施設を卒業した者

(4)　「学校教育法」の規定による大学の学部で，社会福祉学，心理学，教育学もしくは社会学を専修する学科もしくはこれらに相当する課程を修めて卒業した者，または「学校教育法」の規定による大学の学部で，社会福祉学，心理学，教育学もしくは社会学に関する科目の単位を優秀な成績で修得したことにより，「学校教育法」第102条第2項の規定により大学院への入学を認められた者であって，1年以上児童自立支援事業に従事したもの，または「児童福祉施設の設備及び運営に関する基準」第81条第1項第4号イからハまでに掲げる期間の合計が2年以上であるもの

(5)　「学校教育法」の規定による大学院において，社会福祉学，心理学，教育学もしくは社会学を専攻する研究科またはこれらに相当する課程を修めて卒業した者であって，1年以上児童自立支援事業に従事したもの，または「児童福祉施設の設備及び運営に関する基準」第81条第1項第4号イからハまでに掲げる期間の合計が2年以上であるもの

(6)　外国の大学において，社会福祉学，心理学，教育学もしくは社会学を専修する学科，またはこれらに相当する課程を修めて卒業した者であって，1年以上児童自立支援事業に従事したもの，または「児童福祉施設の設備及び運営に関する基準」第81条第1項第4号イからハま

でに掲げる期間の合計が2年以上であるもの

(7) 「学校教育法」の規定による高等学校もしくは中等教育学校を卒業した者,「学校教育法」第90条第2項の規定により大学への入学を認められた者もしくは通常の課程による12年の学校教育を修了した者,または文部科学大臣がこれと同等以上の資格を有すると認定した者であって3年以上児童自立支援事業に従事したもの,または「児童福祉施設の設備及び運営に関する基準」第81条第1項第4号イからハまでに掲げる期間の合計が5年以上であるもの

(8) 「学校教育法」の規定により,小学校,中学校,義務教育学校,高等学校または中等教育学校の教諭となる資格を有する者であって,1年以上児童自立支援事業に従事したもの,または2年以上教員としてその職務に従事したもの

5 児童生活支援員

児童生活支援員は,児童自立支援施設において生活支援を行う者とされ,児童自立支援専門員との連携により生活全般にわたる支援を行っている.児童自立支援専門員と同様に児童自立支援施設に配置されている中核的な職員である.

児童生活支援員の資格については,「児童福祉施設の設備及び運営に関する基準」において次のいずれかに該当する者でなければならないと規定されている.

(1) 保育士の資格を有する者

(2) 社会福祉士の資格を有する者

(3) 3年以上児童自立支援事業に従事した者

6 家庭支援専門相談員(ファミリーソーシャルワーカー)

家庭支援専門相談員は児童養護施設,乳児院,児童心理治療施設および児童自立支援施設に配置されている.入所児童の早期の退所を促進し,親子関

係の再構築などを図ることを目的として，虐待などの家庭環境上の理由により入所している児童の保護者などに対し，児童相談所との密接な連携のもとに電話，面接などにより児童の早期家庭復帰，里親委託などを可能とするための相談援助などの支援を行う．

　資格要件は，社会福祉士もしくは精神保健福祉士の資格を有する者，児童養護施設や乳児院などの配置される施設において児童の養育に 5 年以上従事した者，または「児童福祉法」第 13 条第 3 項各号のいずれかに該当する者でなければならないとされている．

7　心理療法担当職員

　心理療法担当職員は，児童心理治療施設に配置される．また，心理療法を行う必要があると認められる乳幼児，児童，保護者など 10 人以上に心理療法を行う乳児院，児童養護施設，児童自立支援施設，母子生活支援施設に配置される．対象児童などの自立を支援することを目的として，虐待などによる心的外傷などのため心理療法を必要とする児童など，および夫などからの暴力などによる心的外傷などのため心理療法を必要とする母子に，遊戯療法，カウンセリングなどの心理療法を実施し，心理的な困難を改善し，安心感・安全感の再形成および人間関係の修正などを図る．

　資格要件は，児童心理治療施設に配置される心理療法担当職員については，「学校教育法」の規定による大学の学部で，心理学を専修する学科もしくはこれに相当する課程を修めて卒業した者，または同法の規定による大学の学部で，心理学に関する科目の単位を優秀な成績で修得したことにより，「学校教育法」第 102 条第 2 項の規定により大学院への入学を認められた者であって，個人および集団心理療法の技術を有し，かつ，心理療法に関する 1 年以上の経験を有するものでなければならないとされている．また，乳児院，児童養護施設または母子生活支援施設に配置する場合は，「学校教育法」の規定による大学の学部で，心理学を専修する学科もしくはこれに相当する課程を修めて卒業した者であって，個人および集団心理療法の技術を有するも

の，またはこれと同等以上の能力を有すると認められる者でなければならないとされている．児童自立支援施設に配置する心理療法担当職員については，児童心理治療施設と同様の資格要件が規定されている．

8　個別対応職員

個別対応職員は，児童養護施設，乳児院，児童心理治療施設および児童自立支援施設に配置されている．虐待を受けた児童などへの対応の充実を図ることを目的として，被虐待児などの個別の対応が必要な児童への1対1の対応，保護者への援助などを行う．

また，母子生活支援施設においては，配偶者からの暴力を受けたことなどにより個別に特別な支援を行う必要があると認められる母子に支援を行う場合には，個別対応職員を置かなければならないと規定されている．

9　職業指導員

職業指導員は，実習設備を設けて職業指導を行う児童養護施設および児童自立支援施設に配置される．就労および自立を支援することを目的として，勤労の基礎的な能力および態度を育て，児童がその適性，能力などに応じた職業選択を行うことができるよう，適切な相談，助言，情報の提供，実習，講習などの支援により職業指導を行う．

第3節　職員の資質向上のための研修および職員人材確保

児童養護施設などにおいて被虐待児や，障がいのある児童が増加しており，高度の専門性が求められていることから，各施設種別，職種別に行われる研修への参加を促進することにより，児童に対するケアの充実を図り職員の資質向上および研修指導者の養成を図ることを目的とする「児童養護施設等の職員の資質向上のための研修事業」が実施されている．

また，児童養護施設などに入所している児童については，虐待を受けた児

童や障がいのある児童が増えるなど，児童の抱える問題が複雑・多様化しており，その養護・養育を行う職員の専門性の向上とともに，職員の人材確保を積極的に推進する必要があることから，児童養護施設などにおける実習体制などを充実させることにより，職員の人材確保を図ることを目的とする「児童養護施設等の職員人材確保事業」が実施されている．

注

1)　「児童福祉法」の改正により「情緒障害児短期治療施設」は名称が変更され，現在は「児童心理治療施設」となっている．「情緒障害児短期治療施設運営指針」の名称は変更されていないが「児童心理治療施設」の運営の指針となっている．

　　なお，本指針において，施設名称について次のように説明している．

- 「情緒障害児短期治療施設」という名称に関して，本来「情緒をかき乱されている」といった意味の英語 emotionally disturbed を「情緒障害」と訳したため，どういう子どもを表すのかが伝わりにくい．障害という言葉で心理的な困難を抱える子どもたちを表してよいのか，また，子どもたちや家族がその名称を嫌うなどの問題がある．また，平均在所期間が2年半を超えている現状で「短期」と名乗ることが誤解を与える．
- このような理由から，名称変更を求める意見が多く，当面，「児童心理治療施設」という通称を用いることができることとする．

参考文献

相澤仁・林浩康編『(基本保育シリーズ6) 社会的養護』中央法規，2015年

井村圭壯・相澤譲治編著『(福祉の基本体系シリーズ9) 児童家庭福祉の理論と制度』勁草書房，2011年

井村圭壯・相澤譲治編著『保育と社会的養護』学文社，2014年

橋本好市・宮田徹編『(学ぶ・わかる・みえるシリーズ保育と現代社会) 保育と社会福祉 (第3版)』みらい，2019年

吉田眞理編著『児童の福祉を支える社会的養護I』萌文書林，2019年

第11章　社会的養護に関する社会的状況

第1節　社会的養護の地域化

1　社会的養護の地域化

　社会的養護の分野において，子どもの社会性の発達を考えれば地域との連携は必要不可欠なものである．地域の人々との交流から社会の常識や習慣・文化などを学び，さらには他者との触れ合いを通して人間性を高めることができる．これを踏まえると，社会的養護を実践する施設は閉鎖的な施設環境にならないように施設自らが積極的に地域への働きかけを行い，開かれた施設を目指していかなければならない．

　要保護児童を早い段階で発見し速やかに支援に取り組む上でも，児童相談所を中心とした地域全体での連携が必要とされる．また親子分離が求められる場合でも，普通の家庭的環境で養育ができるように地域の環境を把握し，近隣住民の理解を得ながら支援体制の整備を図っていくことが求められる．

2　要保護児童対策地域協議会

　2004（平成16）年の「児童福祉法」改正の中で，地方公共団体に「要保護児童対策地域協議会（以下，地域協議会）」の設置の努力義務が規定された．この地域協議会は要保護児童等に関する情報の交換や支援を行うための協議を行う場であり，児童養護施設などの児童福祉施設のほか，児童相談所や福祉事務所，保健医療関係や教育関係などの公的な機関，NPO法人や民間団体などの地域に根差した活動を行っている機関も構成員として規定されてい

る．地域協議会は代表者会議や実務者会議，個別ケース検討会議を実施する
ため，要保護児童に対して地域の実情を踏まえたチームアプローチを可能に
する機関としてその役割が期待されている．

3　社会的養護の地域化の動き

　2011（平成 23）年に厚生労働省がとりまとめた「社会的養護の課題と将来
像」には，社会的養護を実施する施設等が家族支援やアフターケアを含めた
地域支援を行い，施設を地域における社会的養護の拠点とすることなどが明
記されている[1]．また 2017（平成 29）年に報告された「新しい社会的養育ビ
ジョン」においては，社会的養護を実施する施設はその豊富な養育の専門性
をもとに地域支援事業やフォスタリング機関事業等を行うこと，さらに子ど
もの個々のニーズに見合った地域資源を活用したケアの地域化を実施してい
くということが提言されている[2]．

第 2 節　施設の小規模化と里親制度

1　施設の小規模化

　家庭の中で心身ともに健やかに育まれるべき児童が家庭から離れて入所す
る場合，将来の自立した生活や地域社会での暮らしを考慮し，より家庭的な
小規模での養育の必要性が指摘されている．2012（平成 24）年に公表された
「児童養護施設等の小規模化及び家庭的養護の推進のために」では，児童養
護施設の小規模化は，①子どもにとって一般家庭に近い生活体験を持ちやす
い，②個別の状況にあわせた対応をとりやすい，③家事や身の回りの暮らし
方を普通に教えやすいなど，多様なメリットや意義が提言されている[3]．

　小規模化の具体的な取り組みとして，2000（平成 12）年「地域小規模児童
養護施設（以下，グループホーム）」が，2004（平成 16）年には「小規模グル
ープケア」が制度化されている．また「社会的養護の課題と将来像」におい

ても家庭養護を優先していくという旨の提言がなされており，これを受けて2008（平成20）年には7割程度の施設で運営されていた児童養護施設の大舎制は，4年後には5割程度にまで減少し，併せて小舎制の運営数が増加している．さらに「新しい社会的養育ビジョン」においても新たな社会的養育体制が策定されており，今後は更に小規模化・地域分散化・高機能化の推進が図れることになると思われる[4]．

　乳児院における施設の小規模化も例外ではなく，落ち着いた雰囲気で安定した生活リズムを提供することによって個別的かつ継続的な愛着関係が築かれ，情緒・社会性・言語などの全面的な発達が期待できる．また子どもの家庭復帰や家族再構築を考える上でもケアの小規模化は必要不可欠であり，現在は小規模グループケアを進めるための基本的な人員配置の充実が図られている．

2　里親制度

　2011（平成23）年に厚生労働省から公表された「里親委託ガイドライン（以下，ガイドライン）」では，里親制度は「何らかの事情により家庭での養育が困難又は受けられなくなった子ども等に，温かい愛情と正しい理解を持った家庭環境の下での養育を提供する制度」[5]と規定している．また家庭での生活を通じて特定の大人との愛着関係の中で養育を行うことによって子どもの健全な育成を図ることができると説明し，これまでよりもさらに積極的に活用するということを明記した．

（1）　里親委託優先の原則

　ガイドラインでは，家族とは社会の基本的集団であり，家庭は子どもの成長や福祉および保護にとって自然な環境であるとし，「保護者による養育が不十分又は養育を受けることが望めない社会的養護のすべての子どもの代替的養護は，家庭的養護が望ましく，里親委託を優先して検討することを原則とするべきである」[6]と明記している．

　要保護児童を特定の大人との愛着関係の下で養育することは，①自己の存在を受け入れられているという安心感の中で自己肯定感を育むとともに，人との関係において不可欠な基本的信頼感を獲得することができる，②里親家庭において適切な家庭生活を体験する中で家族それぞれのライフサイクルにおけるありようを学び，将来，家庭生活を築く上でのモデルとすることが期待できる，③家庭生活の中で人との適切な関係の取り方を学んだり，身近な地域社会の中で社会性を養うとともに，豊かな生活経験を通じて生活技術を獲得することができる，というような効果が期待できる[7]．

（2）　里親の種類

　里親の定義は「児童福祉法」第 6 条の 4 に規定されており，「養育里親」，「専門里親」，「養子縁組里親」，「親族里親」という 4 つの種類がある．2017（平成 29）年 3 月現在，社会的養護を必要とする児童は 4 万 5,000 人とされているが，これまで述べたように家庭養護分野の促進を図った結果，里親委託率および里親数は増加傾向にある[8]．なお，里親の種類・内容は以下の通りとなっている[9]．

①　養育里親

　養育里親とは，保護者のない児童または保護者に監護させることが不適格であると認められる児童（以下，要保護児童）を養育する里親である．なお，養育里親になるためには都道府県知事が行う研修を受け修了し，養育里親名簿に登録されなければならない．

②　専門里親

　専門里親とは，児童虐待等の行為により心身に有害な影響を受けた児童や非行等の問題を有する児童，身体障がい・知的障がい・精神障がいがある児童であり，都道府県知事がその養育に関し特に支援が必要と認めたものを養育する里親である．なお専門里親になるためには，養育里親としての要保護児童の養育経験や専門里親研修の修了を経て養育里親名簿に登録される必要がある．

③　養子縁組里親

養子縁組里親とは，要保護児童で実親が親権を放棄する意思が明確な場合に，その児童を受け入れて養子縁組にするということを前提に養育する里親である．なお，養子縁組里親になるためには児童との適合を見るための面会や外出などの交流を重ね，その意志を確認していく．また養子縁組里親研修を修了して養子縁組里親名簿に登録されなければならない．

ガイドラインでは，養子制度の意義を「保護者のない子ども又は家庭での養育が望めない子どもに温かい家庭を与え，かつその子どもの養育に法的安定性を与えることにより，子どもの健全な育成を図るもの」としていることから，要保護児童対策の一環として積極的に進めることが必要となっている．

④　親族里親

親族里親とは，当該親族里親に扶養義務のある児童や，児童の両親その他当該児童を現に監護する者が死亡，行方不明，拘禁，入院等の状態となったことにより，これらの者による養育が期待できない児童を養育する里親である．なお扶養義務のある者とは，直系血族および兄弟姉妹，家庭裁判所の審判を受けた三親等の親族のことである．

3　小規模住居型児童養育事業（ファミリーホーム）

2008（平成20）年の「児童福祉法」改正により，新たに「小規模住居型児童養育事業（以下，ファミリーホーム）」が創設された．これは「児童間の相互作用を活かしつつ，児童の自主性を尊重し，基本的な生活習慣を確立するとともに，豊かな人間性及び社会性を養い，児童の自立を支援すること」を目的としている．このファミリーホームは養育者の住居において複数の委託児童が生活するため，養育者になるためには養育里親としての経験や乳児院や児童養護施設といった養護系の児童福祉施設での 3 年以上の勤務経験などが必要とされている[10]．

第3節　虐待対応

1　虐待等からの保護と回復

　虐待を受けた児童は，身体的な側面だけでなく情緒や認知などの心理的側面，また人格形成や行動規範など広範囲にわたってマイナスの影響を受けている．社会的養護はそのような児童に対して治療的なケアを行うとともに安心で豊かな環境を提供し，人や社会に対する信頼・信用を取り戻せるようにさまざまな支援を実施し，虐待被害の影響を回復させていかなければならない．

2　世代間連鎖を防ぐために

　児童を虐待する原因として，親自身も被虐待児であったという「虐待の世代間連鎖」が多くある．このようなマイナスの連鎖を断ち切り，虐待を受けた児童の早期の家庭復帰や家庭復帰後の虐待の再発防止のため，虐待防止の保護者援助プログラムを含めた親子関係の再構築支援を行うことが重要である．

　虐待を受けた児童は自己肯定感や主体性を失っていることが多い．そのため安心感のある場所で大切にされる体験を提供して自己肯定感を育み，自己決定を伴う社会的スキルなど一人の人間として生きていく基本的な力を育む養育を行う必要がある．

　　　注
　　1）　厚生労働省『社会的養護の課題と将来像』2011年
　　2）　厚生労働省『新しい社会的養育ビジョン』2017年
　　3）　厚生労働省『児童養護施設等の小規模化及び家庭的養護の推進のために』
　　　　2012年
　　4）　吉田眞理編著『児童の福祉を支える　社会的養護I』萌文書林，2019年，

p. 127.
5)　厚生労働省『里親委託ガイドライン』2011 年
6)　5) に同じ
7)　井村圭壯・相澤譲治編著『保育実践と社会的養護』勁草書房，2017 年，
　　pp. 61-62.
8)　4) に同じ
9)　原田旬哉・杉山宗尚編著『図解で学ぶ　社会的養護Ⅰ』萌文書林，2018 年，
　　p. 150.
10)　相澤仁・林浩康『(基本保育シリーズ 6) 社会的養護 (第 2 版)』中央法規，
　　2017 年，p. 80.

参考文献
倉石哲也・伊藤嘉余子監修『(MINERVA はじめて学ぶ子どもの福祉 5) 社会的
　養護』ミネルヴァ書房，2018 年
厚生労働省『社会的養護の課題と将来像の実現に向けて』2016 年
厚生労働省『社会的養護の現状について』2017 年
全国保育養成協議会監修，西郷泰之・宮島清編集『ひと目でわかる　保育者のた
　めの児童家庭福祉データブック 2018』中央法規，2017 年

第 12 章　施設等の運営管理

第 1 節　施設等の運営と財源

1　社会福祉事業

　本章で取り上げる施設等は社会福祉事業として運営されている．社会福祉事業とは，社会福祉を目的とする事業のうち，規制と助成を通じて公明かつ適正な実施の確保が図られなければならないものをいう．また「日本国憲法」第 25 条，「社会福祉法」等に基づいて，国民の福祉の向上のために実施される公共的な事業である．

　社会福祉事業は「第 1 種社会福祉事業」と「第 2 種社会福祉事業」に分類される．

(1)　第 1 種社会福祉事業

　原則的に経営主体は国および地方公共団体，または社会福祉法人である．利用者保護の必要性が高く，個人の人格の尊重に重大な関係を持つ，主に入所施設サービスを実施する事業である．

　「児童福祉法」に規定される事業として，乳児院，母子生活施設，児童養護施設，障害者入所施設，児童心理治療施設，児童自立支援施設があげられる．

(2)　第 2 種社会福祉事業

　経営主体に制限はない．第 1 種社会福祉事業以外の社会福祉事業で社会福

祉の増進に貢献する事業である．1990 年代以降の規制改革等により，協同組合や NPO 法人等の非営利法人，株式会社等の営利法人の参入が可能となった．

　児童福祉施設として「児童福祉法」に規定される事業として，助産施設，保育所，幼保連携型認定こども園，児童厚生施設，児童家庭支援センター，児童発達支援センター（障害児通所支援事業）があげられる．

2　契約制度と措置制度

　戦後，児童福祉施設は措置制度によって運営が行われてきたが，「児童福祉法」の改正により，保育所，母子生活支援施設，助産施設等が契約制度に移行した．しかし要保護児童の支援においては子どもの最善の利益の観点から措置制度が継続している．

（1）　契約制度

　子どもが受ける福祉サービスを保護者が決め，行政や施設と対等な関係で契約を結ぶ制度である．保育所，母子生活支援施設，助産施設は行政との契約であり，児童発達支援センターは施設との契約である．

（2）　措置制度

　行政が法令に基づいて子どもに対する福祉サービスの内容を決定する制度で，現在，児童福祉施設では乳児院，児童養護施設，児童心理治療施設，児童自立支援施設，また里親，小規模住居型児童養育事業（ファミリーホーム）にも適用されている．

　「児童相談所運営指針」（2018（平成 30）年）では，施設入所や里親委託等の措置を行うにあたり，子どもを家庭から離して新しい環境に置くので，これまで育んできた人間関係や地域環境への配慮をし，入所期間を定める等，適切な対応をするよう記されている．また，措置する児童福祉施設等の決定に際しては，子どもや保護者の意向を十分尊重し，その子どもにとって最も

適合する施設の選定とその施設との事前の連携を十分に図り，子どもの安定化が順調に行われるよう十分に配慮することが示されている[1]．

　なお，障害児入所施設では契約制度による利用が基本であるが，保護者等による虐待や養育拒否の場合は，児童相談所の措置で入所することもある．

3　措置費

　措置制度により施設や里親等に支払われる費用を措置費という．措置費は国と地方自治体の負担の割合が「児童福祉法」に規定されており，それに基づいて児童福祉施設や里親等に支弁される．施設に入所または里親に委託されている児童等に直接必要な諸経費である事業費と，施設を運営するために必要な職員の人件費その他事務の執行に伴う諸経費である事務費に大別される．なお，施設に入所した児童の扶養義務者はその負担能力に応じて一部を負担する．

第2節　児童福祉施設の設備及び運営に関する基準・里親が行う養育に関する最低基準

1　児童福祉施設の設備及び運営に関する基準

　1948（昭和23）年に厚生省令で定められた「児童福祉施設最低基準」を2011（平成23）年に改正，名称変更されたものであるが，「最低基準」であることにかわりはない．

　「児童福祉法」第45条に基づき，都道府県は条例で「児童の身体的，精神的及び社会的な発達のために必要な生活水準を確保する」児童福祉施設の設備および運営について定めなければならない．その条例を定めるにあたっては，厚生労働省令である「児童福祉施設の設備及び運営に関する基準」（以下，「基準」と略す）で定める基準に従うべきものと，それを参酌すべきものがある．定められた基準には，全国で一律になるよう必ず適合しなければな

らない「従うべき基準」と，地域の実情に応じて異なる内容を定めることが許容される「参酌すべき基準」がある．

（1）従うべき基準

施設に配置する従業員およびその員数，児童の健全な発達に密接に関連する設備，月1回以上の避難および消火訓練，職員の資質，児童の差別・虐待等の禁止，懲戒権限の濫用禁止，秘密保持などがある．

（2）参酌すべき基準

児童の保護者等への施設運営の内容の適切な説明などがある．

「基準」第2条では，「児童福祉施設に入所している者が，明るくて，衛生的な環境において，素養があり，かつ，適切な訓練を受けた職員の指導により，心身ともに健やかにして，社会に適応するように育成されることを保障するものとする」と記されている．

また第4条には，「児童福祉施設は，最低基準を超えて，常に，その設備及び運営を向上させなければならない」と記されている．児童福祉施設が最低基準に達しなかった場合，都道府県知事は施設の設置者に対し必要な改善を勧告し，その勧告に従わず児童福祉に有害であれば改善を命じることができる．それでも改善されず児童福祉に著しく有害であると認められた場合は，都道府県児童福祉審議会の意見を聴き，その事業の停止を命じることができる（「児童福祉法」第46条）．

2　里親が行う養育に関する最低基準

「児童福祉法」第45条に基づいて，2002（平成14）年に「里親が行う養育に関する最低基準」が規定されている．「児童福祉法」第45条において，その基準は児童の身体的，精神的及び社会的な発達のために必要な生活水準を確保するものでなければならないと規定されている．

また，「里親が行う養育に関する最低基準」第4条において，里親が行う

養育は，「委託児童の自主性を尊重し，基本的な生活習慣を確立するとともに，豊かな人間性及び社会性を養い，委託児童の自立を支援することを目的」として行われ，その養育を「効果的に行うため，都道府県（指定都市及び児童相談所設置市を含む．）が行う研修を受け，その資質の向上を図るように努めなければならない」と規定している．

　主な内容として，常に最低基準を超えた養育の内容の向上に努めること，児童の差別・虐待の禁止，懲戒権限の濫用禁止，秘密保持，委託児童を措置した児童相談所長が作成した自立支援計画に従った養育などが定められている．

第3節　児童福祉施設・里親等運営指針と運営ハンドブック

1　児童福祉施設・里親等運営指針

　2011（平成23）年7月に厚生労働省より示された「社会的養護の課題と将来像」において，社会的養護の現状では施設等の運営の質の差が大きいとの理由から，「児童養護施設」，「乳児院」，「児童心理治療施設（旧：情緒障害児短期治療施設）」，「児童自立支援施設」，「母子生活支援施設」の5施設種別と「里親・ファミリーホーム」の運営等の質の向上を図るために作成された．2015（平成27）年4月には7つ目となる「自立援助ホーム」の運営指針が作成されている．

　作成の目的は，各施設が持っている機能を地域に還元すること（里親等は除く），養育のモデルを示すような水準を持つことが求められていることを踏まえ，社会的養護のさまざまな担い手との連携の下で，社会的養護を必要とする子どもたちへの適切な支援を実現していくことにある．

　各施設の運営指針の「第Ⅰ部　総論」では，目的，社会的養護の基本理念と原理，役割と理念，対象児童等，養育等のあり方の基本，将来像，里親等の支援などが記されており，「社会的養護の基本理念と原理」は共通してい

る.

　また,「第II部　各論」第三者評価基準の評価項目に対応させる構成となっており,いずれの指針も目指すべき方向を示し,第三者評価のA評価の内容に対応している.

　第三者評価とは,個々の事業者が事業運営における問題点を把握し,質の向上に結びつけることを目的に福祉施設等で任意に実施されているが,「児童養護施設」,「乳児院」,「児童心理治療施設（旧：情緒障害児短期治療施設）」,「児童自立支援施設」,「母子生活支援施設」については,子どもが施設を選ぶ仕組みでない措置制度等であり,施設長による親権代行等の規定もあるほか,被虐待児等が増加し,施設運営の質の向上が必要であることから,2012（平成24）年度より,社会的養護関係施設に第三者評価の受審およびその結果の公表が義務づけられた.その目的は,子どもの最善の利益の実現のために,施設運営の質の向上を図ることである.

　実施期間については,3か年度に1回以上受審することとされ,その他の年度は第三者評価基準の評価項目に沿って,自己評価を行わなければならない.

2　運営ハンドブック

　運営ハンドブックは,運営指針を基に参考事例等の共有化も含め,言語化,文書化を進め,社会的養護の施設の運営の質の向上を図るため,施設運営指針に基づき,施設運営の考え方,必要な知識,実践的な技術や知恵などを加え,分かりやすく説明する手引書（ハンドブック）を2013（平成25）年度末までに作成し,厚生労働省ホームページ上に掲載したものである.想定している読者として,施設職員,社会的養護関係者,第三者評価機関調査者等があげられている[2].

　各施設の内容は,

（1） 児童養護施設運営ハンドブック

運営指針の解説書という形式で，各論ではエピソードやコラム，写真を交えてわかりやすいものとし，読者も一緒に考えられる構成となっている．

（2） 乳児院運営ハンドブック

全国乳児福祉協議会が作成している「新版乳児院養育指針」と連動させつつ，事例を紹介し指針の各論の解説がされている．リスクマネジメントにページを割くなど，現代的な課題にも触れている．

（3） 児童心理治療施設運営ハンドブック

今後，当該施設が増えることを見込んで，新設施設向きに作成された．運営指針に基づき，基本的で具体的な情報を集めている．

（4） 児童自立支援施設運営ハンドブック

全国児童自立支援施設協議会がこれまで出しているハンドブック等を参考にしつつ，運営指針にも基づきながら解説している．

（5） 母子生活支援施設運営ハンドブック

運営指針の解説が記され，第三者評価基準の「評価の着眼点」にも対応させ，施設関係者のほか第三者評価機関や評価調査者にとっても役立つように配慮されている．

（6） 里親・ファミリーホーム養育指針ハンドブック

養育指針を深め，事例を通じて里親等が自分のこととして考えられるよう，また児童相談所や里親支援機関等の支援者が，里親等と子どもの感じ方やニーズを知り，支援の参考となるよう作成されている．

注

1)　厚生労働省「児童相談所運営指針」2018 年，第 4 章
2)　厚生労働省 児童養護施設等の社会的養護の課題に関する検討委員会・社会
　　保障審議会児童部会社会的養護専門委員会「社会的養護の課題と将来像」
　　2011 年，pp. 25-26.

参考文献

井村圭壯・相澤譲治編著『保育実践と社会的養護』勁草書房，2016 年
井村圭壯・今井慶宗編著『(福祉の基本体系シリーズ) 社会福祉の基本体系 (第
　　5 版)』勁草書房，2017 年
喜多一憲監修・堀場純矢編集『(みらい×子どもの福祉ブックス) 社会的養護』
　　みらい，2017 年
國島弘行・重本直利・山崎敏夫編著『(現代社会を読む経営学 1)「社会と企業」
　　の経営学——新自由主義的経営から社会共生的経営へ』ミネルヴァ書房，2009
　　年
吉田眞理編著『児童の福祉を支える社会的養護 I』萌文書林，2019 年

第 13 章　被措置児童等の虐待の防止

第 1 節　被措置児童等の虐待の概要

1　はじめに

　虐待の被害など，不適切な養育環境から救い出された児童は，その最善の利益のために，児童福祉施設や里親などのもとに「措置」され，そこで生活することがある．措置された児童が，新たな生活の場で再び虐待などの被害にあうという不幸な出来事が現に起きている．本章では，こうした被措置児童等への虐待の現状とその防止策について学ぶ．

2　被措置児童等虐待の定義と現状

　社会的養護における養護者が虐待の加害者であるケースについては「児童福祉法」の第 2 章第 7 節にその加害行為が定義され，「児童福祉施設や一時保護施設だけでなく，医療機関などで業務に従事する者やその同居人（施設職員等）が，そこで暮らす児童（被措置児童等）に対して，不適切な養育を行うことをいう．」とされている．具体的には，表 13-1 のような行為が考えられる．

　厚生労働省調査によると，2016（平成 28）年度に被措置児童等虐待の事実が認められた件数は，通告や届出があって事実確認した結果の 32% にあたる 87 件，被害児童の総数は 128 人，虐待を行った職員等の総数は 105 人であった．また，そのうちの 14.9% は 6 か月以上にわたる被害であり，9% 程度が 10 回以上繰り返されている事例であった[1]．

表13-1　被措置児童等虐待とは

身体的虐待 外見的に明らかな傷害を生じさせる行為を指すとともに，首を絞める，段る，蹴る，投げ落とす，熱湯をかける，布団蒸しにする，溺れさせる，逆さ吊りにする，異物を飲ませる，冬戸外に閉め出す，縄などにより身体的に拘束するなどの外傷を生じさせるおそれのある行為	ネグレクト（養育放棄） 適切な食事を与えない，適切に入浴をさせない，極端に不潔な環境の中で生活をさせるなどのほか，同居人や生活を共にする他の被措置児童等による虐待を放置する，泣き続ける乳幼児に長時間関わらず放置する，コミュニケーションをとらずに授乳や食事介助を行うなど
性的虐待 性交，性的暴行，性的行為を強要する・そそのかすなどのほかに，性器や性交又はポルノグラフィー等を見せる，ポルノグラフィーの被写体などを強要するなど	心理的虐待 ことばや態度による脅かし，脅迫を行う，無視したり，拒否的な態度を示す，心を傷つけることを繰り返し言う，自尊心を傷つけるような言動を行うなどのほか，他の児童とは著しく差別的な扱いをする，適正な手続きなく閉じ込め隔離する，他の児童と接触させないなどの孤立的な扱いを行う，感情のままに，大声で指示したり，叱責したりするなど

（出所：厚生労働省『被措置児童等虐待対応ガイドライン～都道府県・児童相談所設置市向け～』，2009年，pp.8-10）

3　被措置児童等への行動制限と不適切な養育

　保育環境としての生活の枠組みや，ルールを確実に維持するという「手段」は，被虐待児のケアという「目的」にとって大切なことである．一部の児童福祉施設で，入所児童同士の会話や目を合わせることなどを禁止するルールがあり，人権侵害にあたると指摘された[2]．それが不適切な養育と判断されて児童が元の家庭に引き戻されれば，対応は一層困難になってしまう．一方で，児童の安全確保や適切な養育上，こうした言動をある程度制限せざるをえない状況が一部施設でありうる．虐待や不適切な養育に当たるかどうかの判断は，被害にあった者が虐待と感じたら虐待，というようなシンプルなものではない上，児童の人権と，治療的関わりの効果に大きく影響するため，十分な注意が必要である．職務を遂行する中で，「手段が目的化」していないか常に意識しておくべきであろう．

第 2 節　被措置児童等虐待の発生要因と防止策

　被害を受けた児童等をケアしたいと考えて児童福祉施設職員になった者が，なぜ加害者になってしまうのだろうか．被措置児童等が職員等による不適切な関わりの被害にあう要因は，(1) 被措置児童等の特性，(2) 援助者たる保育士等の特性，(3) 施設等組織の特性，(4) 生活環境やそれを規定する制度の特性の 4 つに分けて考えることができる．これらは相互の関連を持っているが，まずはそれぞれについて概観してみよう．

(1)　被措置児童等の特性

　被措置児童等の個々の特性はさまざまであるが，被虐待児童の一部にみられる特性の一つに，「試し行動」が挙げられる．試し行動で，保育者が冷静さを失ってしまうことが，施設内虐待につながることがあるであろう．怒りの感情は 6 秒で収まるといわれるように，児童の試し行動をあらかじめ念頭に入れておけば，感情的になる 6 秒間も冷静に過ごすことができるであろう．

(2)　施設職員等の特性

　職員等による被措置児童等虐待の要因の一つに，知識，力量が不足していることが挙げられる．(1) で挙げた「試し行動」の知識は一例であり，知識があることで落ち着いて行動することができる．また，就職後に，職場のストレスなどがたまって，職業的使命を見失ってしまい，保育者としての適性に欠ける状態での被害も発生しているようだ．

(3)　施設等の特性

　(2) で述べた知識や力量は，施設や自治体などによる職員等の資質向上を目指した研修体制の充実によって向上させることができる．施設等での日常的な職員等の支援や，組織の枠を超えた研修体制の充実が望まれる．

（4）　環境や制度の特性

　近年では保育士が不足しており，もともと加害性の高い者など，保育士として適性が疑わしくとも職員として採用せざるをえない状況もあるかもしれない．適切な職員への待遇や採用とあわせて職員の配置の見直しなどの制度的支援のあり方も検討されなければならない．

第3節　被措置児童等虐待防止の取り組み

　虐待等で傷ついた上に，新たな環境で生活しなければならない被措置児童等に対する虐待は，被害児童に計り知れない影響を与えると考えられる．虐待や不適切な関わりに対応する取り組みとして，（1）発生の予防，（2）被害直後の表明とともに，（3）現に発生した場合の児童の保護とその後の安定した生活の確保の3段階が求められる．以下，こうした取り組みについて概観していく．

（1）　被措置児童等虐待の発生予防

　先に述べた職員の研修等の取り組みが第一であるが，それ以外にもできることがある．例として，重大犯罪を起こそうとした者が，犯行に向かう道で「近所の人から挨拶されたため犯罪を中止した」という証言がある．犯行動機以上に「いきさつ」が注目に値するといえるだろう．同じように考えれば，職員同士などの小さな支えあいが，想像以上に大切なものであると考えられる．

（2）　被害直後の表明を促す取り組み

　助けを求めないようにみえる児童は，（施設の外でも）被害にあいやすい．被害を表明する前提条件として，「子どもの権利ノート」などでも強調されている，「自分は大切な存在」という感覚を育てておくことが大切である．また，被害を受けたら周囲の職員や大人に「すぐに，必ず」知らせ，助けを

求めることができるような，「信頼できる大人」としての職員との人間関係をつくっておくことが求められる．

(3)　被害児童のケア

虐待など，不適切な養育を発見した場合，一般の児童虐待と同様の通告義務がある．事実確認がされた後，児童の最善の利益を優先した，監督官庁を巻き込んだ，組織的で計画的な取り組みを行う．また，その際には，職員配置の変更も想定されることから，被害児童以外の児童への影響も考慮することが必要となる．複雑な状況を踏まえた，ケースバイケースの対応となるであろう．

第 4 節　被措置児童等間の不適切な関わり

1　被措置児童等間の暴力などの状況

被措置児童等への虐待は，入所児童間でも発生する．表 13-1 のように，それを放置することも被措置児童等虐待とされる．入所児童間の暴力などについて，2018（平成 30）年度に，初めて全国的な調査が行われ，前年度中に408 件の事案があり，983 人が関わっていたことが報告されている[3]．

保育所等での子ども間の暴力や家庭での兄弟姉妹のけんかと同様に，社会的養護施設でも，虐待との境界は曖昧であり，慎重な扱いを求められることがわかる．そのため，上の数字が完全に近いものであるとは言いがたい．また，こうした調査結果が社会的養護に対する偏見を増すものであってはならないことにも注意が必要である．

2　被措置児童等間の暴力などへの対応

社会的養護の下では，児童同士の暴力や性的な関係は，より相談しづらいことも想定しなければならず，対応が難しい問題となる．ただし，少人数で

年齢の幅も小さい家庭的な養護が実施されているほうが，入所児童同士の暴力等は減少すると考えられ，施設の小規模化が推進されるべき理由の一つと言えるだろう．児童同士のトラブルへの具体的対応は，他書等に譲るものとしたい．

第 5 節　おわりに

病気などの対応では「早期発見・早期対応」が求められる．しかし，早期に発見される虐待や不適切な関わりであるほど，虐待と必要なしつけやケアの区別はつきにくい．また，虐待を早期に発見し，虐待と指摘しようとする「まなざし」を向けるだけでも，養育者のストレスは増加し，養育者を孤立させる影響がある．このことを考えれば，早期「対策」でなく早期「支援」が重要になることが理解できるであろう．肉親や家族だけでなく，施設等の養育者に対しても，加害者を憎み，排斥する気持ちや，加害者にならないよう監視するようなまなざしではなく，ともに児童を育て，児童とともに育つ存在として支援しあう姿勢で関わる保育者，そして社会環境や社会的まなざしが何より大切である．

注
1)　厚生労働省『平成 28 年度における被措置児童等虐待への各都道府県市の対応状況について』
　　https://www.mhlw.go.jp/content/000348436.pdf，（2019 年 7 月 20 日 閲覧）pp. 1-5, p. 9.
2)　大久保真紀『虐待被害児らの一時保護所で人権侵害　都の第三者委指摘』朝日新聞デジタル，2019 年 7 月 18 日
3)　みずほ情報総研『平成 30 年度 厚生労働省委託事業　児童養護施設等において子ども間で発生する性的な問題等に関する調査研究報告書』，2019 年 p. 10.

参考文献
安藤俊介『どんな怒りも 6 秒でなくなる』リベラル社，2017 年
厚生労働省『平成 28 年度における被措置児童等虐待への各都道府県市の対応状

　況について』

　　https://www.mhlw.go.jp/content/000348436.pdf,（2019 年 7 月 20 日閲覧）

厚生労働省　雇用均等・児童家庭局　家庭福祉課　厚生労働省　社会・援護局
　　障害福祉部障害福祉課『被措置児童等虐待対応ガイドライン～都道府県・児童
　　相談所設置市向け～』, 2009 年

小口尚子・福岡鮎美『子どもによる　子どものための「子どもの権利条約」』小
　　学館, 1995 年

白川美也子『赤ずきんとオオカミのトラウマ・ケア──自分を愛する力を取り戻
　　す〔心理教育〕の本』アスク・ヒューマン・ケア, 2016 年

日本弁護士連合会子どもの権利委員会編著『子どもの権利ガイドブック（第 2
　　版)』明石書店, 2017 年

第14章　社会的養護と地域福祉

第1節　子どもが育つ家庭での地域の役割

1　子育て家庭の多様化

　現在の日本は，3世帯家族の減少，核家族化，地域のつながりの希薄化，女性の社会進出，ひとり親世帯や就労状況等により，子育て世帯の環境は多様化している．従来，日本の歴史において血縁・地縁関係による相互扶助で賄われていた子育ては，今や環境の変化に伴い，養育する保護者への負担や不安も大きくなった．たとえば，仕事をもつ親は子育て時間の不足を感じることや，就労とダブルケア（親の介護と子育てを同時にしなければならない世帯）による心身への負担，専業主婦も日々の子育ての中での孤立感やワンオペ育児（夫の単身赴任等の何らかの理由により女性一人が育児をする）による子育ての孤独感等の不安などである．

　子どもを養育する上で，周囲の人の助けを上手に借りながら子育てをしている親もいれば，一人で子育てを抱え込み，自分自身を追いつめるほど頑張っている親，離婚等により，仕事と子育てを一人で担っている親や，子育てには無関心な親も存在している．

2　子育て家庭と地域福祉

　地域福祉とは，高齢，障がい，貧困などさまざまな事情があっても，これまでつくりあげてきた人間関係を保ち，文化的な活動に参加できるよう，地域住民や行政，社会福祉関係施設等が相互に協力し，地域の人々の福祉の充

実を図ることをいう．2000（平成12）年の「社会福祉法」の改正により，第4条で「地域福祉の推進」が規定された．

社会福祉法（地域福祉の推進）

第4条　地域住民，社会福祉を目的とする事業を経営する者及び社会福祉に関する活動を行う者（以下「地域住民等」という.）は，相互に協力し，福祉サービスを必要とする地域住民が地域社会を構成する一員として日常生活を営み，社会，経済，文化その他あらゆる分野の活動に参加する機会が確保されるように，地域福祉の推進に努めなければならない．

地域社会が変容しつつある現在，子育て世帯の安心と幸せを実現するためには，行政のみでなく地域の人々が手を携えて，生活の拠点である地域に根ざして助け合い，誰もがその人らしい安心で充実した生活が送れるような地域社会を基盤とした地域福祉を推進することが極めて重要となっている．

3　社会的養護が必要となる背景

　児童人口が減少する一方で，社会的養護を必要とする環境のもとで育つ児童は増加している．

　社会的養護が必要となる背景には，虐待発生の要因となりうる核家族化や地域のつながりの希薄化などにより，子育てを助けてくれる人や子育てについて相談できる人がそばにおらず，育児不安や産後うつ等が生じると考えられる．また，家族構成の変化により少子化が進む中で，若い世代の多くは，実生活の中で乳幼児に接し，幼い子どもと関わる機会が少ないままに大人になり，保護者の中には，乳幼児とはどういうものか，親として子どもにどのように接したらよいのかわからない者がいる．さらには，子育て世帯の貧困，保護者の被虐待経験やドメスティック・バイオレンス（DV：配偶者からの暴力）等からの自らの経験が子どもへ負の連鎖を断ち切れない現状もある．そのため，妊娠期においては助成制度や給付金制度のみならず，医療面・福祉

面からの切れ目ない支援や貧困対策，児童相談所の体制強化を行うなど，未然防止，早期発見・対応等保護者の支援を行っている．また，地域では赤ちゃんふれあい事業や子ども食堂等，地域の特性に応じた取り組みを，行政や社会福祉協議会，NPO 法人等が連携し行っている．しかし，社会的養護を必要とする児童数は減少傾向にない．

第 2 節　社会的養護施設の役割と地域との関わり

1　社会的養護施設の役割

　2012（平成 24）年 11 月，厚生労働省雇用均等・児童家庭局長は「児童養護施設等の小規模化及び家庭的養護の推進について」とりまとめた．その中で，社会的養護は，原則として家庭養護を優先するとともに，施設養護もできる限り家庭的な養育環境の形態に変えていく必要があるとされ，現在の大型児童養護施設から，里親およびファミリーホーム・グループホーム・小規模ケアへと変わろうとしている．

　施設における地域支援では，各家庭の養育機能が低下した家庭支援の施策として，地域住民が身近に利用できるよう，短期入所生活援助（ショートステイ）事業や夜間養護等（トワイライトステイ）事業を実施している．また，児童訪問援助事業や地域交流センター，子ども食堂等（ネーミングは実施施設においてさまざま）を実施し，専門的な知識と技術を活用した地域福祉の実践を図る施設もある．

2　社会的養護施設と地域理解

　施設が小規模化および家庭的養護が推進される一方で，これまでの日本における児童養護施設の歴史から脱却できず地域住民の理解が進んでいない現状もある．入所している子どもの中には，施設生活や学校に適応できない場合や，情緒が不安定となり素行がよくない状況になる場合もある．近所で子

どもを持つ家庭は，少しでも問題があると関わりたくないと感じることや，同じ地域に施設が存在しても地域住民として施設を身近に理解していない場合もある．子どもたちにとっては施設が生活空間であり，近隣の子どもたちと相互に行きかい遊ぶことは自然の行為で，近所に買い物へ行き散歩することも生活の一部である．社会的養護を必要としていることで，子どもが地域住民から疎外感やマイナス的な感情により受傷することがないように，施設は予防する必要がある．そのためには，平素から職員にも地域住民として近隣社会への理解を促し，良質な関係性を構築することが求められる．

第3節　地域生活への自立支援

1　施設生活から地域生活に向けて

　子どもの社会的養護施設への委託期間または在所期間は，児童養護施設入所児童等調査によると，平均委託（在所）期間は，里親委託児3.9年（前回3.9年），養護施設児4.9年（前回4.6年），情緒障害児2.1年（前回1.9年），自立施設児1.0年（前回1.1年），乳児院児1.2年（前回1.1年），ファミリーホーム児2.9年，援助ホーム児0.9年となっている[1]．

　子どもが施設を退所するには，家庭復帰，就労，進学等のさまざまな理由がある．児童の自立支援の充実を図るため，厚生労働省は①自立生活能力を高める養育，②特別育成費・大学等進学支度費・就職支度費の増額，③措置延長や，自立援助ホームの活用，④アフターケアの推進を図った．④アフターケアの推進では，今後は児童養護施設に，自立支援担当職員を置き，施設入所中からの自立支援や，退所後の相談支援などのアフターケアを担当させる体制を整備するとされた．

2　施設が行うアフターケア

　児童養護施設等の社会的養護関係施設の役割として，施設に措置された子

どもの家庭復帰がある．施設を利用する家庭は，もともと地域生活を行う上で，何らかの孤立や家庭環境による養育困難になったケース等である．しかし，子どもの人生において保護者との関係は重要な役割がある．子どもが早期に家庭復帰ができるよう，施設は児童相談所等の関係機関と連携し，家庭環境を調整しながら，親子関係の再構築を支援する必要がある．

アフターケアにあたっては，「児童福祉法」第6条の3第1項による児童自立生活援助事業（自立援助ホーム）もある．児童自立生活援助事業は，義務教育終了後，児童養護施設等を退所し，就職する児童等（20歳未満）からの申込みに対し，これらの者が共同生活を営む住居（自立援助ホーム）において，相談その他の日常生活上の援助および生活指導ならびに就業の支援等を行う．

また，社会的養護を必要とする子どもたちが，入所以前の生育環境や施設生活から，アイデンティティ形成や，対人関係の形成を苦手とすることが多い傾向にあることを理解し，自立援助ホームで過ごした後の地域生活に向け，子どもたちが誰に頼ったらよいのか，どのような社会資源を活用したらよいか，ライフステージに応じた自立支援計画を作成し継続して支援することが，地域で孤立することなく生活する上で必要といえよう．

3　地域が行うアフターケア

新しい社会的養育ビジョンでは，地域生活の支援として，「代替養育を離れた後の，地域における継続的支援に関して，①一定年齢までの定期的な面談と相談機会の確保，②社会保障，医療サービス等，社会制度の利用支援，③地域生活開始の初期費用の支給と日常生活能力の形成，④金銭管理の支援と債務問題の回避，⑤暴力被害（性暴力を含む）時の早期介入と支援，⑥法的支援の保障と弁護士費用等の確保，⑦職場定着の促進と離職時の生活支援[2]」が考慮される必要があると述べている．

地域生活をする際に必要な，身元保証人や連帯保証人の安定した確保や金銭管理や職場定着などは，生活困窮者自立支援事業等の各制度が活用される．

一方で，施設退所後，将来的にパートナーとの家族形成，妊娠と出産，育児を行う場合，これまでの生活が変動する．その際，他者に頼れない状況での育児や，地域での孤立は，子育ての不安や育児と生活のストレス等から，虐待が繰り返される可能性もあり，地域生活を支援する上で，より集中的な支援の構築と，就労支援や子育て支援等へのつなぎの活用が重要となる．

　今後は，退所後の継続した地域生活支援をだれが担うのか，ケア・リーバー（社会的養護経験者）やアドボケイト（代弁者）を含めた，長期的な自立支援計画や継続的な支援の実践が課題といえよう．

注
1)　厚生労働省「児童養護施設入所児童等調査結果」（平成 25 年 2 月 1 日現在）厚生労働省雇用均等・児童家庭局，2015 年 7 月 1 月，p. 2.
2)　厚生労働省「新しい社会的養育ビジョン」新たな社会的養育の在り方に関する検討会報告書，2017 年，p. 43.

参考文献

厚生労働省編集『平成 30 年度版厚生労働白書』日経印刷，2019 年
厚生労働省「新しい社会的養育ビジョン」新たな社会的養育の在り方に関する検討会報告書，2017 年
長谷川眞人・堀場純矢編著『児童養護施設と子どもの生活問題』三学出版，2005 年
長谷川眞人・堀場純矢編著『児童養護施設の援助実践』三学出版，2007 年
吉田眞理編著『児童の福祉を支える社会的養護』萌文書，2016 年

第15章　社会的養護の課題

第1節　社会的養護の現状

1　国（厚生労働省）の社会的養護に対する基本姿勢

　厚生労働省は，社会的養護の課題と，その将来における基本的考え方として，「子ども・子育てをめぐる社会環境が大きく変化する中で，すべての子どもに良質な成育環境を保障し，子どもを大切にする社会の実現」[1]　を求めている．そして，「社会的養護の施策は，かつては，親が無い，親に育てられない子どもへの施策であったが，虐待を受けて心に傷をもつ子ども，何らかの障害のある子ども，DV 被害の母子などへの支援を行う施策へと役割が変化し，その役割・機能の変化に，ハード・ソフトの変革が遅れている」と指摘している[2]．

　戦後から高度経済成長期くらいまでの日本における社会的養護は，親がいない子どもや，経済的理由等により親が子どもを育てられない環境にある場合に，主として児童福祉施設が子どもを預かり，養育をすることが一般的であった．しかし，現代の日本では，親から虐待を受ける子どもや，親の精神疾患等の理由により，社会的養護のもとで生活をする子どもが増加している．つまり，社会的養護を受ける子どもたちの現状は，かつての経済的問題から，虐待や DV の被害といった，主として親子の関係性の問題へと変質してきているということができる．

2　社会的養護を受ける子どもたちの現状と進路状況

　次に社会的養護のもとに育つ子どもたちの現状と進路について概観する.

　今日の日本における施設の運営形態は, 大舎制から小舎制へと大きく流れが変わってきている. 厚生労働省が発表している『社会的養護の現状について』によると, 社会的養護の対象である児童の多くが入所している児童養護施設では, 大舎制の形態で運営している施設が 2008（平成 20）年では約76% であったのに対して, 2012（平成 24）年には約 50% にまで減少している. これに対して小舎制の形態をとっている施設は, 2008（平成 20）年の約23% に対し, 2012（平成 24）年には約 41% にまで増加している[3]. このことから, 近年, 児童養護施設をはじめ施設の小規模化が進んできていることが分かる. これにより, 子どもたちは, 施設職員と近い距離で接することができ, より「家庭」に近い環境のもとで生活することができるようになりつつある. この意味で, 小舎制の運営形態の施設が増加していることは, 子どもたちにとって望ましいことである. しかし, 子どもたちは施設（里親を含む）のもとで一生を過ごすわけではなく, やがてそこを巣立っていかなければならない. こうした家庭的な環境で育つ子どもたちの進路についてみていこう.

　『社会的養護の現状について』によると, 児童養護施設で生活をする子どものうち, 中学校卒業者が高校へ進学する者は 96.0% であり, 全中卒者の進学率 98.7% と比べて差はほとんどみられない. 一方で, 大学等の高等教育機関への進学率は, 児童養護施設入所児については 12.4% であり, 全高卒者の 52.2% と比べると著しく低い水準にある. 高校卒業後の就職率は, 前者が 70.4%, 後者が 18.0% となっている[4]. 児童養護施設で暮らす子どもたちは, 高校卒業後に就職をするケースが多くを占めていることが分かる.

第2節　社会的養護の課題

1　施設退所児童の高等教育機関への進学率の低迷

　前節でみたように，児童養護施設をはじめとする社会的養護のもとで育った子どもたちは，高校卒業後に大学等の高等教育機関への進学率が低い水準にある．このことは，高等教育を受けることによって専門的な知識や技術を身につける機会が少ないまま社会へ出る子どもたちが多いことを意味する．そして，結果として多くの場合，低賃金の職種に就かざるをえなくなり，生活が困難を極めるケースが見受けられる．

　施設を退所する高校卒業者たちが高等教育機関へ進学をせず，就職を選択する理由として，本人だけで学費や生活費を工面する余裕がないことや，仮に働きながらの高等教育機関等での学業継続は，本人にとって多大な負担となることから，学業の継続を断念せざるをえないということが考えられる．

　厚生労働省は，「社会的養護の下で育った子どもも，他の子どもたちとともに，社会への公平なスタートを切り，自立した社会人として生活できるようにすることが重要である」[5] としている．施設で生活し，その後，高校卒業後に高等教育機関への進学の道が実質的に閉ざされているならば，その子どもたちは，社会へ巣立つ初めの段階から，既に公平なスタートラインにたっていないということが考えられる．

2　施設での生活と社会生活への適応の齟齬

　厚生労働省によると「社会的養護を必要とする子どもたちは，愛着形成の課題や心の傷を抱えていることが多い」[6] ことが指摘されている．そのために，子どもへの専門的ケアを充実させるとともに，より子どもと養育者が近い距離で生活をともにすることを目的として，「社会的養護においては，原則として，家庭的養護（里親，ファミリーホーム）を優先するとともに，施設

養護（児童養護施設，乳児院等）も，できる限り家庭的な養育環境（小規模グループケア，グループホーム）の形態に変えていく必要がある」[7] と提言をしている．

　このような国による社会的養護の方向性を踏まえて，施設等は，より家庭的な環境に近いかたちで子どもへの養護を実践している．高校卒業後に進学をせずに，多くは就職というかたちで社会に出る子どもが多い現状においては，施設等での生活を送っているときから，社会生活に備えた金銭管理や社会一般の作法等を身につけておく必要がある．施設等の出身者の中には，高校卒業後に就職した際に，就職先や社会生活に馴染めず不適応を起こし困難を抱えるケースが報告されている[8]．

第3節　社会的養護の課題を乗り越えるために
——施設等を退所後の支援の充実化

　前節でふれたように，社会的養護は，より家庭に近い環境を設定し，子どもたちへの養育が行われている．厚生労働省は，子どもが「特定の大人との愛着関係の下で養育されることにより，安心感，自己肯定感，基本的信頼感を育むことができ」，「家庭生活を体験し，将来，家庭生活を築く上でのモデルとすることができる」[9] ことから，「里親委託優先の原則」を定めている．

　しかし，こうした一般家庭に近い環境で養育を受けながら成長をした子どもは，高校を卒業する時点で実親のもとで育った多くの子どもたちとは大きく異なった進路を選択する．全高卒者の約半数が高等教育機関へ進学をする中で，約7割の施設等の出身者は就職を選択する．厚生労働省は「施設退所後の相談支援（アフターケア）の充実が必要である」[10] と提言をしているが，こうした現状に対して，具体的には，どのような支援が必要だろうか．ここでは，以下に2点を挙げたい．

　一つ目は，現在，行われている施設等のアフターケアにあたる職員の人員を増やし，より手厚い体制を整える必要がある．多くの社会的養護の現場では，職員は施設等に入所する子どもの対応など日常の業務を行う傍らで，退

所者のアフターケアを行っているケースが大半である．これをアフターケアの担当を行う専任職員の配置を行うなどの体制の充実を行うことができれば，退所者もより気軽に，安心感をもって相談に訪れることができると思われる．

　二つ目は，高等教育機関へ進学し学ぼうとする意思のある者へ，国がより手厚い経済的支援を行う政策を策定し実施することである．多くの施設等の退所者は，学費の捻出が困難であるなどの経済的な理由で進学を断念し就職を選択する．現状でも奨学金制度などの貸与型の就学支援制度はあるが，親からの経済的援助が，ほぼ期待できない社会的養護のもとで育った者に対しては，効果が低い制度であるといえる．学ぶ意欲がある社会的養護のもとで育った子どもが安心して将来の目標をもち，それに向かって人生を歩むことができるよう，給付型の経済的支援を充実させていくことが求められているといえる．

注
1)　厚生労働省『社会的養護の課題と将来像』2011年，p. 2.
2)　同上，p. 2.
3)　厚生労働省『社会的養護の現状について』2017年，p. 2.
4)　同上，p. 4.
5)　前掲，『社会的養護の課題と将来像』，p. 5.
6)　同上，p. 5.
7)　同上，p. 5.
8)　武藤素明編著『施設・里親から巣立った子どもたちの自立——社会的養護の今』福村出版，2012年などを参照のこと．
9)　厚生労働省『里親委託ガイドライン』2011年，p. 1.
10)　前掲，『社会的養護の課題と将来像』，p. 5.

参考文献
浅井春夫・黒田邦夫編著『〈施設養護か里親制度か〉の対立軸を超えて——「新しい社会的養育ビジョン」とこれからの社会的養護を考える』明石書店，2018年
厚生労働省『社会的養護の課題と将来像』2011年
　https://www.mhlw.go.jp/bunya/kodomo/syakaiteki_yougo/dl/08.pdf（2019年8月23日閲覧）
厚生労働省『里親委託ガイドライン』2011年

https://www.mhlw.go.jp/stf/shingi/2r98520000018h6g-att/2r98520000018hlp.
pdf（2019 年 8 月 23 日閲覧）

厚生労働省『社会的養護の現状について』2017 年
https://www.mhlw.go.jp/file/06-Seisakujouhou-11900000-Koyoukintoujidou-
kateikyoku/0000187952.pdf（2019 年 8 月 23 日閲覧）

土屋敦『はじき出された子どもたち――社会的養護児童と「家庭」概念の歴史社
会学』勁草書房，2014 年

西田芳正編著『児童養護施設と社会的排除――家族依存社会の臨界』解放出版社，
2011 年

執筆者略歴

第1章	谷村和秀（たにむらかずひで）	愛知学泉短期大学
第2章	坪井真（つぼいまこと）	作新学院大学女子短期大学部
第3章	吉田祐一郎（よしだゆういちろう）	四天王寺大学
第4章	棟方梢（むなかたこずえ）	青森明の星短期大学
第5章	細川梢（ほそかわこずえ）	福島学院大学
第6章	今井慶宗（いまいよしむね）	関西女子短期大学
第7章第1節	井村圭壮（いむらけいそう）	元岡山県立大学
第7章第1節	鎌田綱（かまだこう）	四国医療福祉専門学校
第7章第2節	古野愛子（このあいこ）	日本文理大学
第8章	隣谷正範（となりやまさのり）	飯田短期大学
第9章	大村海太（おおむらかいた）	桜美林大学
第10章	坂本真一（さかもとしんいち）	桜の聖母短期大学
第11章	田中公一（たなかこういち）	仙台青葉学院短期大学
第12章	古川督（ふるかわさとし）	大阪芸術大学短期大学部
第13章	樋口成樹（ひぐちしげき）	宮崎学園短期大学
第14章	辰巳裕子（たつみゆうこ）	香川短期大学
第15章	浅沼裕治（あさぬまゆうじ）	札幌学院大学

編著者紹介

井村圭壯（いむら・けいそう）
1955年生まれ
現　在　岡山県立大学名誉教授．博士（社会福祉学）　保育士
主　著　『戦前期石井記念愛染園に関する研究』（西日本法規出版，
　　　　2004年）
　　　　『日本の養老院史』（学文社，2005年）
　　　　『日本の社会事業施設史』（学文社，2015年）
　　　　『社会事業施設団体の形成史』（学文社，2015年）

今井慶宗（いまい・よしむね）
1971年生まれ
現　在　関西女子短期大学准教授．社会福祉士・保育士
主　著　『子どもと社会的養護の基本』（共編著，学文社，2017年）
　　　　『社会福祉の基本体系』（第5版）（共編著，勁草書房，2017年）
　　　　『保育実践と児童家庭福祉論』（共編著，勁草書房，2017年）
　　　　『社会福祉の形成と展開』（共編著，勁草書房，2019年）

現代の保育と社会的養護Ⅰ

2020年1月20日　第1版第1刷発行
2024年3月20日　第1版第3刷発行

編著者　　井　村　圭　壯
　　　　　今　井　慶　宗

発行者　井　村　寿　人

発行所　株式会社　勁　草　書　房

112-0005　東京都文京区水道2-1-1　振替 00150-2-175253
（編集）電話 03-3815-5277／FAX 03-3814-6968
（営業）電話 03-3814-6861／FAX 03-3814-6854
三秀舎・中永製本

＊落丁本・乱丁本はお取替いたします。
　ご感想・お問い合わせは小社ホームページから
　お願いいたします。

https://www.keisoshobo.co.jp

相澤讓治・今井慶宗 編著
保 育 実 践 と 児 童 家 庭 福 祉 論 　　2,200円

井村圭壯・今井慶宗 編著　福祉の基本シリーズ①
社 会 福 祉 の 基 本 体 系〔第5版〕　2,200円

井村圭壯・今井慶宗 編著
保 育 実 践 と 家 庭 支 援 論 　　2,200円

井村圭壯・相澤讓治 編著
保 育 実 践 と 社 会 的 養 護 　　2,200円

井村圭壯・相澤讓治 編著　福祉の基本体系シリーズ⑨
児 童 家 庭 福 祉 の 理 論 と 制 度 　　2,640円

K.E.リード著，大利一雄訳
グ ル ー プ ワ ー ク の 歴 史 　　3,740円
──人格形成から社会的処遇へ

J.M.ストーン著，大利一雄ほか訳
ボランティアのグループ指導入門 　　1,210円

R.ジャック著，小田兼三ほか訳
施 設 ケ ア 対 コ ミ ュ ニ テ ィ ケ ア 　　3,850円
──新福祉時代における施設ケアの役割と機能

──────────────────────── 勁草書房刊

＊表示価格は 2024 年 3 月現在，消費税（10%）が含まれております．